农村电商政策知识一本通

农村电子商务实用手册

宋丽芳 著

北京邮电大学出版社
www. buptpress. com

内 容 简 介

农村电商从出现到兴起，只用了短短两三年的时间，如今各大电商巨头纷纷涉足，想在其中攻城略地或者至少能分一杯羹。而今年，国家层面上开始出台各项政策加大对农村电商的扶持，农村电商正可谓风生水起。站在2017年农村电商发展的分水岭上，人们不禁要问，这股农村互联网热能持续多久，在过去几十年的城乡发展如此不平衡的情况之下，农村、农业、农民的状态能承受农村电商的飞速发展吗？未来的农村电商将何去何从才能走出一条可持续发展的道路，从而才能真正带动农村市场的飞速起步，而本书作者宋丽芳老师把自己这几年对农村电商的观察与研究集结于本书，详细解读了与农村电商有关的政策知识，符合社会热点，极具前瞻性和指导意义。

图书在版编目(CIP)数据

农村电商政策知识一本通 / 宋丽芳主编. --北京：北京邮电大学出版社，2017.3（2018.6重印）
ISBN 978-7-5635-5060-9

Ⅰ. ①农… Ⅱ. ①宋… Ⅲ. ①农村－电子商务－商业政策－中国 Ⅳ. ①F713.36

中国版本图书馆CIP数据核字(2017)第059891号

书　　名：农村电商政策知识一本通
主　　编：宋丽芳
责任编辑：齐天骄
出版发行：北京邮电大学出版社
社　　址：北京市海淀区西土城路10号（邮编：100876）
发 行 部：电话：010-62282185　传真：010-62283578
E-mail：publish@bupt.edu.cn
经　　销：各地新华书店
印　　刷：北京鑫丰华彩印有限公司
开　　本：720 mm×1 000 mm　1/16
印　　张：9.5
字　　数：190千字
版　　次：2017年3月第1版　2018年6月第6次印刷

ISBN 978-7-5635-5060-9　　定　价：19.00元

·如有印装质量问题，请与北京邮电大学出版社发行部联系·

前　言

农村电商从出现到兴起，只用了短短两三年的时间，如今各大电商巨头纷纷涉足，都想在其中攻城略地或者至少能分一杯羹。而今年，国家开始出台各项政策加大对农村电商的扶持力度，农村电商正可谓风生水起。站在2017年农村电商发展的分水岭，人们不禁要问，这股农村互联网热能持续多久？在过去几十年的城乡发展如此不平衡的情况下，农村、农业、农民的状态能承受农村电商的飞速发展吗？未来的农村电商将何去何从？如何才能走出一条可持续发展的道路，进而真正带动农村市场的飞速起步。而宋丽芳老师把自己这几年对农村电商的观察与研究集结于本书，详细解读了与农村电商有关的政策知识，符合社会热点，极具前瞻性和指导意义。

作　者

目　录

【认识篇】

【行业应用篇】

【实战篇】

认识篇

第 1 章　现代农业与农业电商

第 2 章　农业电商应用系统的功能

第1章

现代农业与农业电商

1.1 农村电商的政策背景

在我国，农业正饱受着开发过度、污染严重、资源短缺、生产成本加大和农产品价格普遍上涨的种种压力，这就迫切需要加快现代化建设的速度，增加改革创新的强度和力度。

谈起农业，自然就想到了农民。近些年来，农民大量从乡村涌入城市打工，远离了家乡和亲人的滋味让他们分外想念家乡的一切。在“新农人”的名称出现后，越来越多的农民知道有这样一种新人群——他们具有新兴想法掌握先进技术，对农业生产、经营和服务有着一定的生产经营管理能力。因为新农人的出现，他们身上的正能量影响了很大一部分农民工返乡创业，使得新农人的队伍日益壮大。

“互联网＋农业”造就了越来越多的新农人，充分利用移动互联网、大数据、云计划、物联网等新一代信息技术并实现与农业的跨界融合，是解决“三农”问题的新方法，是引导农民致富、进一步推动现代化农业的新模式和新业态，如图 1-1 所示。

图 1-1　农村电商展望

电子商务作为一种普惠的形式，在城市电商发展得较为成熟的前提下，农村电商才开始学习城市电商的发展模式在农村抢滩略地，因此对于农村而言，普惠的势头才刚刚展开。其中一个比较突出的表现就是政策对于农村电商的发展给予了非常大的支持，各级政府纷纷出台促进本地区电商发展的相关政策扶持措施，以期推动、加快本地域电商的发展。可以说，农村电商或迎来历史发展的新机遇，是电商在农村得到发展的首要助推器。

事实上，自 2015 年以来，农村电商政策便利好频出。随着 2016 年“一号文件”的施行，加快推进农村现代化的工作成为当前重点。在互联网的发展大势下，农村现代化发展离不开农村信息建设与农村电商的普及。而回顾整个2015年和2016年，国家接连出台了诸多政策文件，旨在进一步推动农村电商在农村的普及，如表1-1所示。

表1-1 2015—2016年国家农村电商相关政策

时间	部门	名称	影响
2015年2月1日	国务院	《关于加大改革创新力度加快农业现代化建设的若干意见》	政策在创新农产品流通方式中表示要支持电商、物流、商贸、金融等企业参与涉农电子商务平台建设，开展电子商务进农村综合示范。目前高平乐村淘属于电子商务进村示范县主要承接方
2015年5月4日	国务院	《关于大力发展电子商务加快培育经济新动力的意见》	政策要求积极发展农村电子商务，加强互联网与农业农村融合发展，引入产业链、价值链、供应链等现代管理理念和方式，研究制定促进农村电子商务发展的意见，出台支持政策措施
2015年7月4日	国务院	《关于积极推进"互联网＋"行动的指导意见》	政策要求积极发展农村电子商务，开展电子商务进农村综合示范，支持新型农业经营主体和农产品、农资批发市场对接电商平台，积极发展以销定产模式。根据该政策乐村淘开启农产品上行、特色馆销售业务
2015年8月7日	国务院	《关于加快转变农业发展方式的意见》	政策要求培育新型流通业态，大力发展农业电子商务，制定实施农业电子商务应用技术培训计划，引导各类农业经营主体与电商企业对接，促进物流配送、冷链设施设备等发展
2015年9月6日	商务部等19部门	《关于加快发展农村电子商务的意见》	政策要求争取到2020年，在全国培育一批具有典型带动作用的农村电子商务示范县
2015年9月29日	国务院	《关于推进线上线下互动加快商贸流通创新发展转型升级的意见》	政策要求开展电子商务进农村综合示范，推动电子商务企业开拓农村市场，构建农产品进城、工业品下乡的双向流通体系，政策的实施和乐村淘O2O运营模式不谋而合

续表

时间	部门	名称	影响
2015 年 11 月 9 日	国务院	《关于促进农村电子商务加快发展的指导意见》	政策要求积极培育农村电子商务市场主体，充分发挥现有市场资源和第三方平台作用，培育多元化农村电子商务市场主体，鼓励电商、物流、商贸、金融、供销、邮政、快递等各类社会资源加强合作，构建农村购物网络平台，实现优势资源的对接与整合，参与农村电子商务发展
2015 年 11 月 29 日	国务院	《中共中央国务院关于打赢脱贫攻坚战的决定》	政策支持电商企业拓展农村业务，加强贫困地区农产品网上销售平台建设。加强贫困地区农村电商人才培训，对贫困家庭开设网店给予网络资费补助、小额信贷等支持
2016 年 1 月 3 日	农业部	关于印发《农业电子商务试点方案》的通知	政策要求积极探索“基地＋城市社区”鲜活农产品直配、“放心农资进农家”等农业电子商务新模式
2016 年 3 月 23 日	商务部	关于印发《2016 年电子商务和信息化工作要点的通知》	政策表示继续开展电子商务进农村综合示范，优先在革命老区和贫困地区实施，提高扶贫效率和精准度，加大农村电子商务创新创业扶持力度
2016 年 3 月 29 日	商务部等六部门	关于印发《全国电子商务物流发展专项规划（2016—2020 年）》的通知	政策要求加快电子商务物流发展，提升电子商务水平，降低物流成本，提高流通效率
2016 年 4 月 21 日	国务院	《关于深入实施“互联网＋流通”行动计划的意见》	政策要求深入推进农村电子商务，政策对于农产品上行和农村“最后一公里”问题的解决都给予了切实有效的指导
2016 年 5 月 12 日	农业部、国家发展和改革委员会、中央网信办等八部门	联合印发《“互联网＋”现代农业三年行动实施方案》	《方案》提出了农业物联网试验示范工程、农业电子商务示范工程、信息进村入户工程

续表

时间	部门	名称	影响
2016 年 10 月 29 日	中央网信办、发改委、扶贫办 3 部委	联合印发《网络扶贫行动计划》	政策实施“网络覆盖工程、农村电商工程、网络扶智工程、信息服务工程、网络公益工程”五大工程
2016 年 11 月 11 日	农业部	《关于全面推进信息进村入户工程的实施意见》	乐村淘村级体验店符合信息入户的“6 个标准要求”，且本政策是配合“互联网＋”行动所出台的农村信息化发展策略
2016 年 11 月 16 日	农业部	《全国农产品加工业与农村一二三产业融合发展规划(2016—2020 年)》	积极发展电子商务等新业态新模式，发挥电子商务在一、二、三产业融合发展中的积极作用
2016 年 11 月 23 日	各省、自治区、直辖市和新疆建设兵团扶贫、发展改革、网信等 16 部门	《关于促进电商精准扶贫的指导意见》	电子商务进农村示范县，农产品上行向 2.0 版迈进，更加注重农产品的标准化、规模化和品牌化，重点打造 4 万家电商扶贫示范点

同时，各级地方政府不断加大对农村电商的政策扶持力度，纷纷出台各项政策措施或者方案，以推动各自区域的电商发展进入到一个新阶段，例如山东菏泽于 2015 年 2 月下发《菏泽市人民政府关于加快农村电子商务发展的意见》，努力推动菏泽农村电子商务发展实现大跨越。近年来，菏泽农村电子商务发展迅猛，曹县 7 个村被授予中国“淘宝村”的称号，大集乡被授予中国“淘宝镇”的称号，一些从事电商生意的乡镇企业，还被山东省商务厅认定为山东第一批电子商务示范企业，如图 1-2 所示。早在 2014 年，曹县全县淘宝产业销售额就达到了 9 亿元，且销售额仍呈迅猛增长态势，所以在 2015 年，菏泽出台了指导电子商务发展的意见措施，显示了政府对农村电商发展的前景看好。2014 年末，浙江省人民政府办公厅也印发了《浙江省农村电子商务工作实施方案》(浙政办发[2014]117 号)(以下简称《方案》)。据相关报道，浙江省的农产品网络销售额一直呈现出良好的上升势头。例如在 2013 年，浙江省农产品网络零售额近 100 亿元，约占全国农产品网络零售总额的 25%；农村网络购物方面，全省约有 40%的网络消费来自农村。另据有关统计显示，该省县城和乡镇网络购物比重已经超过一、二线城市的比重，成为

网上消费的重要增长点。同时,在农村青年创业方面,电子商务也发挥了积极作用,全省的青年创业团体中,有很大一部分创业者选择了电子商务这个领域,带动了全省农村网络零售迅猛增长。

图 1-2　菏泽农村电子商务快速发展

该《方案》采取了市场主导和政策推动相结合的方式,并倚借示范带动和全面发展相融合的方式,助力农产品进城和工业产品下乡,并对目标进行了量化。例如,该《方案》制定了到 2017 年全省农村电子商务经营主体达 20 万个,实现农产品网络销售额 500 亿元的目标;争取县域网络消费额占当地居民消费总额的比重达到 25%以上;建成 100 个乡镇电子商务创业园和 1 万个村级电子商务服务点等。众多量化目标的设定,显示出当地政府对于农村电商跨越式发展的超高期待,但同时也凸显了地方政府在电子商务发展方面的急迫心情。

江苏省也在农村电子商务的扶持方面出台了相关政策文件。2015 年 8 月 11 日,江苏省人社厅出台《关于支持农村电子商务创业就业工作的意见》(以下简称《意见》)。该《意见》明确指出,对农村劳动者、返乡农民工、在校大学生和毕业 5 年内的高校毕业生、退役军人等人员创办农村电子商务企业的,按规定享受创业担保贷款和贴息政策。对正常运营 6 个月以上的农村电子商务企业,按规定给予一次性创业补贴,并按吸纳人员就业情况,给予创业带动就业补贴。对就业困难人员和毕业年度内的高校毕业生在农村电子商务企业就业的,在其劳动合同期限内,每年给予个人一定的就业补助,补助期限不超过 3 年。农村电商小微企业新招用就业困难人员和毕业年度内的高校毕业生的,并与之签订 1 年以上劳动合同且依法缴纳社会保险费的企业,按规定给予社会保险补贴。农村电商企业在创业园外租用办公或仓储用房,可按当地标准给予场租补助。经工商登记注册的农村网络商户从业人员,同等享受各项就业创业扶持政策。对未进行工商登记注册的农村网络商户从业人员,公共就业服务机构可将其认定为灵活就业人员,并落实扶持政策。

另外，该《意见》还明确了对电商人员的培训频率，并对电商人才给予的政策支持措施进行了明确，如图 1-3 所示。

图 1-3　国家对农村电商的支持

山西省在 2016 年下半年连续两次出台农村电商的相关政策，在 2016 年 7 月 30 日，山西省委、省政府出台《关于坚决打赢全省脱贫攻坚战的实施意见》(以下简称《意见》)《意见》要求，抓好电子商务进农村综合示范县建设，实施农村电商扶贫网店创业示范工程，鼓励电商企业拓展农村业务，开展贫困地区特色产品网上销售，鼓励社会公众消费贫困地区和贫困群众生产的优质农特产品。时隔不到 4 个月，11 月 10 日，山西省政府又出台《关于印发山西省支持快递业发展若干措施的通知》(以下简称通知)《通知》指出，2018 年前，优先在太原、大同、临汾等地规划建设示范性快递专业类物流园区，政策有助于“乐村淘”农村物流及仓储体系的构建。

因此，无论是国家层面对于农村电商的政策支持，还是各地方政府对于农村电商的政策扶助，都在很大程度上说明了互联网时代，国家及各级政府对于新型产业的关注和重视。尤其是在“互联网＋”思维主导下的产业发展，各级政府更多地带有对传统产业进行重塑以及对于市场真空进行填补的意识。农村长期缺乏产业发展时机，一次次地在市场化的大潮中被有意无意地忽略、遗忘，但是这种情况在互联网时代得到了改变。农村电商在互联网时代具有了参与电商市场竞争的可能，所以，得到了包括阿里巴巴、京东等巨头的垂青。这也是互联网表现出的改造一切产业、侵入传统时代的未被重视的或者未被开发领域的强劲态势。可以说，这是农村市场接近或者融入市场化进程的一种时代必然，也是时代给予农村市场发展契机的重大红利。

1.2　现代农业

1.2.1　农业与现代农业

农业作为第一产业，在国民经济中占据基础性地位，是人类利用自然环境条件，依靠植物、动物、微生物的生理机能，通过劳动去强化和控制生物的生命活动过程，以获得社会需要的物质产品的生产部门。

由于各国的国情不同，农业包括的范围也不尽相同。狭义的农业通常指种植业。种植业是人类生存的最基本的物质生产，包括粮食作物和经济作物的生产。目前，在经济结构调整中又提出了饲料作物的生产问题。这就不难理解我国为什么非常重视粮食的生产。“民以食为天”，种植业基本解决了人们的吃饭和穿衣问题，或者说只解决了人们的温饱问题。但是，随着人们生活质量的提高，只依靠狭义农业显然不够，更要依靠广义农业。比如，目前就面临一个人们对农业需求的两个转变问题。一是由植物性食品向动物性食品转变，二是产品的需求由数量型向质量型转变。

在我国，广义的农业通常指“农、林、牧、副、渔”各业的综合。在国外，特别是工业发达国家，随着工业化水平的提高，现代意义上的广义农业的概念，扩展到农业的产前、产中、产后的生产、加工、流通、服务等方面，与农业相关的产业活动，纳入大农业的概念中来，把与农业相关的经济活动统统划入农业部门。我国把农业的概念从狭义的种植业扩展到种养各业，体现了我国农业的发展和进步。相信随着我国工业化水平的提高，农业的概念也会由种养业扩展到加工业和服务业。

现代农业是指用现代物质技术和最新科学技术武装的市场经济状态下的农业。人类从 20 世纪中叶开始进入现代农业阶段。第三次技术革命的几乎所有重要成果都应用于农业，主要表现为以下几点。

(1) 农业劳动手段的现代化。用物质技术武装农业，如农业的机械化、电气化，精准农业物质技术手段，保护地农业技术设施，还有把生物工程技术用于农业的再生产过程和基因工程等。现代农业生产工具的特征是智能化和机械化，目前，在联合收割机上已经普遍采用电子监视仪或自动控制装置，以监视籽粒散失和脱尽率。在畜牧业中，出现了封闭式、半封闭式、自动化的养鸡场、养猪场和工厂化养牛场。

(2) 主要体现在“新品种、新结构、新用途”上。比如玉米，不断开发的糯玉米、油用玉米等新品种的出现，调整了农产品的产业结构。饲用玉米、食用玉米、工业用玉米等构成了玉米品种的新结构。

农业生产者从事的是商品生产。现代农业是市场农业、商品生产。商品生产率越高，农业现代化程度就越高。农业的经营形式也发生了巨大变化。家庭经营走向企业化，农业公司经营逐步走向主导地位。

(3) 现代农业的发展趋势。信息科学是当代高新技术的基础，也是现代农业的发展基础。现代农业的发展趋势之一是现代生态农业，发展趋势之二是工厂化农业，发展趋势之三是海洋农业。总之，现代农业发展趋势是，各种农业形式在高新技术含量不断增加的基础上有机地结合起来，相互影响，彼此支撑。现代农业与城市、工商业等非农产业的融合度持续提高，同时，又保证了生态效益、经济效益、社会效益的协调增长。

1.2.2　从传统农业向现代农业的转型

农业正经历着由传统农业向都市农业、智慧农业等现代农业的转型。现代农业的核心是科学化，特征是商品化，方向是集约化，目标是产业化。它所表现出来的特点是与传统农业相对而言的。

首先，现代农业突破了传统农业主要从事初级农产品原料生产的局限性，实现了种养加、产供销、贸工农一体化生产，并十分重视资源的合理利用和生态环境建设，使得农业的内涵得到了拓宽和延伸；农业的链条得以延伸，变得更加完整；农业的领域得以拓宽，最终促使农工商的结合更加紧密。

其次，现代农业突破了传统农业远离城市或城乡界线明显的局限性，实现了城乡经济社会一元化发展，城市发展有赖于农村的支撑，农村发展有赖于城市的支持。城乡统筹进行资源的优势互补，有利于城乡生产要素的合理流动和组合。

最后，现代农业突破了传统农业部门分割、管理交叉、服务落后的局限性，实现了按照市场经济体制和农村生产力发展要求，建立一个全方位、权责一致、上下贯通的农业管理和服务体系。现代农业突破了传统农业封闭低效、自给半自给的局限性，发挥资源优势和区位优势，实现了农产品优势区域布局、农产品贸易国内外流通，有利于资源的开发利用、生态环境的综合治理、先进科学技术的推广应用、优质农产品标准生产和现代管理手段的运用。

1.3　电子商务与现代农业的结合

在传统的经济理论中，农产品市场的买卖双方是在完全信息条件下进行交易的，即价格是由供求双方的总体水平决定的。但在现实的市场经济条件下，农民对现实中的农产品信息难以完全了解，使得现实经济生活中的信息不对称成为主导，在农产品交易过程中，农民极度缺乏市场信息，增加了农民在农产品交易过程中的风险和不确定性。

由于我国的基本国情和长期以来受计划经济的影响，违背经济规律和市场规律的事时有发生，以及交通、通信等其他因素的影响，农民难以及时、准确、可靠地得到市场信息，导致大量农产品流通不畅，影响了农业发展。

而电子商务与现代农业相结合，则有利于提升农业竞争优势、加速农村经济进步和促进特色农业发展。

1.3.1 电子商务提升农业竞争优势

基于信息系统整合的农业电子商务系统集各种专项系统的功能，为农户提供全方位服务，帮助农户以市场需求为指导，合理管理资源、安排生产，及时响应市场需要。它是一种全新理念和技术的结合，将突破传统管理思想，为农业带来全新竞争优势。

1. 速度优势

基于系统整合的农业电子商务系统按整合的观念组织生产、销售、物流方式，最快速度响应客户需求，给农业带来速度优势。

2. 顾客资源优势

传统农业生产经营是被动的，没有着眼于客户，更未将客户作为资源纳入管理体系。整合的农业电子商务系统可通过各种方式收集客户及市场信息，为企业提供最直接最有价值的信息资源。

3. 个性化产品优势

整合的电子商务系统可以解决个体生产难以解决的品种单一问题。实现多产品、少批量、个性化生产。其一，它可在互联网支持下形成一套快速生产加工运输销售计划。其二，在信息技术支持下，农户和农业企业可根据市场战略随时调整产品、重新组合、动态演变，适应市场变化。其三，柔性管理可实行职能重新组合，让每个农户或团队获得独立处理问题的能力，通过整合各类专业人员的智慧，获得团队最优决策。计划、组织、管理三方面的结合，使个性化农业生产成为现实。

4. 成本优势

整合的电子商务系统解决了产品个性化生产和成本是一对负相关目标这一矛盾。低生产成本、零库存和零交易成本，使农户在获得多样化产品的同时，也获得了低廉的成本优势。

综上所述，中国农业发展一套集企业管理思想和各种信息系统于大成的，投资少、实用的电子商务系统。

农户甚至不用自己拥有网络设施和管理系统，只要在乡政府中心机房就可以实现农户个体管理企业化、电子商务化。

1.3.2 电子商务加速农村经济进步

1. 降低农业生产风险，促进农业产业化

我国目前的农业生产基本是以家庭为单位的小规模生产，农业生产者之间基本上不存在信息交流，农户往往凭借自己往年的价格经验来选择生产项目，确定生产规模。

农业产业化的实质是市场化，即以市场为导向，在农产品的生产和流通过程中实现生产、加工、销售一条龙，在经济利益上依据平均利润率的产业化组织原则实现生产、加工、销售一体化，即形成生产和流通利益共同体，把农户与市场联结在一起。通过电子商务强大的网络功能，跨越时间和地域的障碍，使农产品供需双方及时沟通，农业生产者能够及时了解市场信息，根据市场需求情况合理组织生产，以避免因产量和价格的巨大波动带来的效益不稳定，降低农业生产风险。农业产业化不同于计划经济条件下的农业生产经营方式，必须以市场需求为导向，优化调整农业结构，生产适销对路的产品，按市场机制配置生产要素，并要求农业产业化经营的各个环节和过程按市场机制组织活动。

2. 拓宽农产品销售渠道，减少环节，提高农业效益

我国目前的农产品流通体系尚不健全，因此农产品销售仍然存在着渠道窄、环节多、交易成本高、供需链之间严重割裂等问题。通过电子商务实现农业生产资料信息化，运用互联网工具将市场需求信息准确而又及时地传递给买卖双方。同时根据生产量需求信息传递给供应商适时补充供给，通过交易市场、农产品直销、招标等交易模式，自行选择最适合自己的方式，真正实现电子商务的效能。

3. 形成新型的农产品流通模式，促进相关行业的发展

我国农产品交易链及其通路过程存在环节多、复杂、透明度不高、交易信息对称性较差等问题。产业发展的基础是生产，但市场和流通是决定产业发展的关键环节。农产品流通不畅已经成为阻碍农业和农村经济健康发展、影响农民增收乃至农村稳定的重要因素之一。农产品销售难及农产品的结构性、季节性、区域性过剩，从流通环节看，主要存在两个问题：一是信息不灵通，盲目跟风。市场信息的形成机制和信息传播手段落后使农户缺少市场信息的指导。二是农产品交易手段单一，交易市场管理不规范。现在传统的方式主要是一对一的现货交易，现代化的大宗农产品交易市场未普及，期货交易、远期合约交易形式更少。通过建立以计算机联网为基础的农产品市场信息网络，实现网络营销和网上支付，保证了各地农产品销路畅通、供销协调。透明化的价格可以提高网上交易量，从网上获取产品和价格信息将增加产品的可比性和价格的透明度。而由于不同地理位置产生的价格差别也将因不断增加的竞争而减小。

这将在生产资料价格上有利于农民，但是不利于其所生产的农产品价格。这就造成一个特别的现象：哪里存在许多有差别的农产品并有经常性的供给，哪里就需要生产资料供应专家为其服务。

生产商可以通过一个安全的市场获得收益，采购方从有保证的供应中受益，农

业生产者可通过网上贸易受益，越是完善的网上市场越能为农民创造利润，甚至一些网站提供运费计算器，这样可以使交易者在价格、质量和运费上有保障，提高了农业效益。此外，还可以把基于信任的个人接触的销售模式移植到网上，提供订单、合同的流转和与产品销售相关的金融、物流、交通、运输、服务业的发展，加快农业产业化进程。

1.3.3 电子商务促进特色农业发展

1. 电子商务对消费者的影响

电子商务环境下，消费者通过互联网可以了解众多商品的信息，而且对具体商品的各种功能与特征可以很方便地得到，因此，消费者的消费自主性得到极大的提升，个性化需求成为消费者的一个显著特点。而特色农产品由于其地域或功能的独特性，易于吸引消费者的目光。特别是主打绿色健康概念的特色农产品，很容易受到消费者的青睐。互联网成为人们工作生活中不可替代的工具，网上购物也成为消费者购物的新潮流。特色农产品的网上销售模式成为可能，从而使以往局限于特定地域的特色农产品通过互联网能够面向全球市场，销售半径的扩展使得扩大销售量成为可能。而网上店铺每天 24 小时在线商品展示及销售可以极大地节约销售成本。直接面向消费者也利于收集消费者对于产品各方面的意见，对于产品质量的改进有着极为重要的作用。

2. 电子商务对于生产商的影响

电子商务使生产商得以面对全球化的市场，一方面扩大了其销售半径，但另一方面也使其面临着全球化的竞争，以前特色农产品生产商的竞争对手可能主要局限于某一特定地域，如今其将面临全球各地特色农产品的竞争，市场竞争的加剧势必影响各自市场占有率，进而影响各自的效益。因此，产品之间的差异性变得更加重要，谁的产品更能满足消费者需求谁就能在市场上获得更大的收益。互联网为特色农产品培育新的顾客群体提供了廉价的信息发布渠道，网上虚拟商店能以极低的成本每天 24 小时向消费者展示产品的特色。同时消费者使用后的反馈意见也可以很方便地在论坛上得以展现，网络口碑的传播能方便地为企业带来更多的新客户。

3. 电子商务对供应商的影响

特色农业的供应商主要是如种子、化肥、生产加工机械等相关生产资料的提供者。在电子商务环境下，特色农产品的生产商通过互联网可以很方便地采购到所需的各种生产资料，而且能够货比多家，因而议价能力得以提升，价格更实惠。

4. 电子商务对经销商的影响

网上店铺直销方式的存在降低了特色农产品对传统商业模式中经销商的依

赖，因而也能增加生产商对经销商品的议价能力，同时互联网信息的快速传递，也易于生产商对经销商的沟通与掌控。

5. 电子商务对潜在进入者的影响

电子商务的出现，使传统特色农产品的利益市场全球化，市场容量的扩大为规模效益的实现提供了可能。另外，其对上下游环节的有效沟通提供了低成本且有效的方式，一定程度上降低了新进入者的成本，从而会有更多瞅准商机的企业进入这一市场。

由以上分析可知，电子商务具备使特色农业全球化、降低其市场推广及销售成本、增强生产商在供应链上下游环节的议价能力的优势。虽然其也使市场竞争更趋激烈，但只要利用好电子商务这一利器，更好地锻造特色，就一定能为我国特色农业的发展助一臂之力，变发展特色农业的可行性为现实性。

1.4　农业电子商务

在互联网时代，互联网的模式深刻地改变着整个中国的行业现状。随着其对传统农业的影响，推动了行业的转型，农业电商的时代也就自然到来。

1.4.1　农业电商的定义

农业电商全称为农业电子商务，是传统农业与电子商务模式的结合，电子商务通过电子数据传输技术进行相关的商务活动，这种方式能够更有效地消除传统商务活动中信息传递与交流的时空障碍，具体如图 1-4 所示。

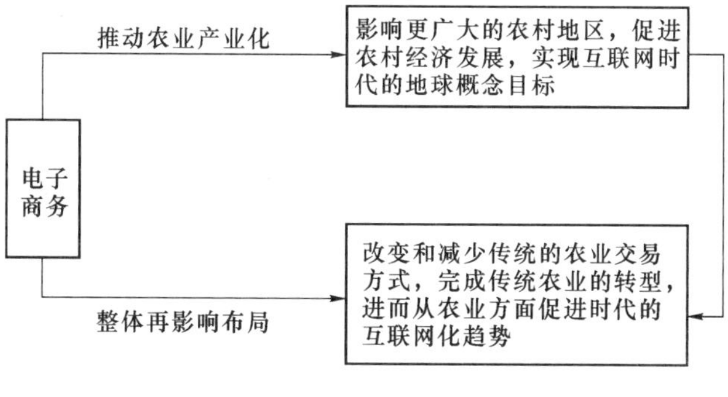

图 1-4　农业电商的积极意义

1.4.2 农业电商的特点

1. 市场潜力大

我国是农业大国，拥有8亿多农民，而农业原本就是所有行业的根本，巨大的市场潜力是显而易见的，尤其是在农业电商发展兴盛之后。

2. 发展根基深

国家对于农业的支持是持久的，早在20世纪就建立了"农业综合管理和服务信息系统"，加速和推进农业和农村信息化，这都是农业电商发展的根基。

3. 电商环境好

在电子商务方面，其他的行业已经走得比较远了，这些行业的电子商务发展可以为农业电子商务发展提供有益的经验，同时电商发展的大环境也促进了农业电商的进步。

4. 借鉴成果多

在农业电商发展的现阶段，借鉴国外农业电子商务快速发展及成功运作的经验是一大特点，也是为了在适应国情的道路上少走一些弯路。

1.4.3 农业电商的产业模式

在农业电商中，服务是直接面向受众的，所以对农业电商的产业模式进行分析是有一定的必要性的。

综合服务模式是以信息流为先导，结合物流的一种商务模式，如图1-5所示。

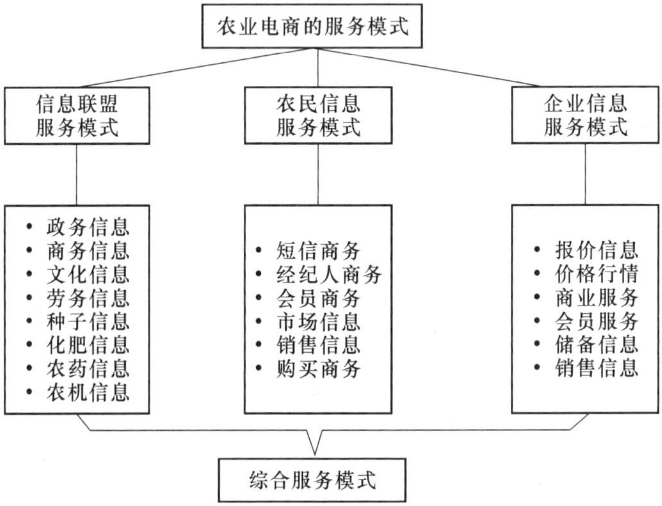

图1-5 农业电商的综合服务模式

商务模式在具体的运作上要么提供服务，要么提供产品，或者两者兼而有之。在农业电商中综合服务模式的核心内容是信息流和物流相结合，利用企业传统的物流系统，加上农业网站先进的信息流系统，组建成一个完整的商业联盟，提供综合服务。

1.4.4　农业电商的发展意义

农业电商的实际价值是将电子商务与农业结合后发挥的实际作用，主要表现在以下几个方面：

1. 促进生产的效率性

在传统的农业市场中，农业信息传递的速度往往比较缓慢，同时信息的准确性也较差，多种因素共同导致了农业生产与经营的盲目性和低效率性。农业电商能够减少乃至消除农业市场的信息不对称现象，为相关人员及时提供全方位的市场信息，从而促进生产的效率性。

2. 降低产业链的成本

在整个产业链中，涉及的各个因素在成本部分都是重中之重。在农业电商中，企业通过网络发布信息、处理订单、安排生产、分配资源等，农户提交产品信息、发布产品项目等，供应链中的所有组织都可以因为网络的便利性而降低产业链的成本。

3. 打破时空的限制性

在传统的农业市场中，交易中的信息传递与交流受时空限制非常明显，而互联网的特性就是打破时空的限制，从区域性市场转化为全国性市场，甚至是全球性市场。建立统一有序的大市场，能够使交易双方在选择方面拥有更大的余地。

4. 实现产品销售规模

过去的农产品销售一般都是以小区为单位进行零售，其特点是少量、单一。而要将农产品交易规模化和组织化，依靠传统的运作方式是不可能完成的，但是农业电商却可以轻易地形成规模化。配送中心对农产品进行统一质检、分级，明码标价，保障交易双方的实际利益。

5. 转变从业者的思想

农户的思想往往很难转变，但是随着时代的发展，农业必须迎来变革，而农业电商就是让农户接受互联网模式的首要基础。同时对农民的教育和培训也会因为互联网的便利性而变得更加快捷、方便以及具有针对性，让农户了解最新农业生产技术和社会发展动态，提高文化素质，转变思想。

1.5　我国农业电商的发展状况

大致看来，电商的发展阶段经历了从PC端到移动端的过程。以2014年为界，2014年之前，PC端一统江湖，但是在2014年这一年，移动端的搜索次数首次超越了PC端的搜索次数。这意味着移动时代的来临。因此，2014年是PC端向移动端过渡的重要时点。

从当前农村电商的发展势头来看，尽管其处于发展的初级阶段，但是也表现出诸多发展优势。

1．城市电商的发展为农村电商的发展提供了诸多可供借鉴的地方

电商如果严格按二元分类的方式，可分为城市电商和农村电商，但这并不符合市场发展的逻辑。因为市场有效性的最终目的，就是实现区域平衡发展，但是在当前状况下，电商二元发展的状况比较突出，即当城市电商发展到一个比较成熟的阶段时，农村电商才刚刚起步，这也是当下每位农村电商从业者必须要认识到的现状。

二元发展本质上是一种发展不均衡的表现，但是也有好处，比如鉴于城市电商发展已经较为成熟，那么农村电商的发展就可以积极借鉴城市电商在发展过程中的经验，努力避免在发展的过程中走弯路，这也可以看作是农村电商在发展过程中具备的优势之一。

比如说物流，城市电商的基础物流设施比较健全。因为城市居民有固定的住址，所在的城区、街道、门牌号等都标记得十分清楚，所以，配送相对简单，配送成功率很高。但是城市有一个缺点，就是很多居民白天基本都上班，家里没有收货人，物品送到地址的时候没有人接收，导致物品配送失败。鉴于这种情况，很多快递公司因此设立了物流集中配送点，比如阿里巴巴的菜鸟驿站、顺丰的嘿客，还有派速魔方等。这些配送点的设置方便了消费者获取自己的物品，解决了物品接收不畅的问题。

相比于城市，农村居民并没有明显的住址标记，因此物流配送就成为难题。所以，农村物流在配送方面也参考了上述的做法，选择在小卖部、村委会或者固定的人群聚集点设置配送点，农村居民到配送点取件就可以了。这其实和城市电商的物流配送定点模式殊途同归，可以说在一定程度上借鉴了城市电商的配送方式。

此外，城市电商发展过程中涉及的一些营销方式，也逐渐影响了农村电商的日常运营，例如，徐州丰县的苹果就通过百度竞价网盟营销获利不菲。在微信刚推出

不久，农村电商从业人员就运用微信进行产品的推广营销。新型工具的接入让很多农村电商从业人员快速踏上城市电商原来采用的发展道路，而摒弃了耗时耗力的逐渐摸索的方式。由此可见，在新型工具的应用上，农村电商从业者的学习能力不容小觑。

农村电商也非常注重做产品的思路。通过和客户的互动来改善产品的性能，力争将产品做到极致。总之，农村电商都在不断向城市电商学习经验、不断试错。城市电商为农村电商的发展提供了诸多有益的借鉴模式，帮助农村电商在发展的道路上加快了速度。

2. 农村一步进入移动互联网时代

历来技术革命的发展，都是建立在前一代技术的基础之上，每一次技术革命的完成，其实都是为将来另一种技术革命的展开奠定基础。关于技术革命，国内外科技史界看法有些分歧。国外有的科技史家认为近代以来发生了3次技术革命。第一次技术革命始于18世纪60年代，其主要标志是蒸汽机的广泛应用；第二次始于19世纪70年代，其主要标志是电力的广泛应用；第三次始于20世纪40年代，延续至今，其主要标志是原子能、电子计算机和空间技术。英国学者佩因斯则提出，技术革命可分为四个阶段：1780—1824年是蒸汽机和纺织机技术革命；1843—1877年是以钢铁和铁道占主导地位的技术革命；1878—1940年是电气、飞机、汽车、化工和无线电通信的技术革命；20世纪50年代以来则是核工业、宇航工业、计算机工业、微电子工业和生物纳米工业为中心的新技术革命。21世纪则是信息时代，每一次技术革命都是在前一次技术革命的基础上完成了技术的飞跃。

农村电商的发展也是基于这样的逻辑，只不过其是在城市电商的基础上完成对城市电商的特色化的复制，或者说移植。

2016年6月，中国互联网络信息中心（CNNIC）发布了《2016年中国农村互联网发展状况调查报告》（以下简称《报告》）。《报告》指出，截至2016年12月底，中国农村网民规模达1.95亿，年增长率为9.5%。城镇网民规模为4.93亿，城镇网民增长幅度为4.8%。网民中农村网民占比28.4%，较去年上升0.9个百分点。在上网设备中，农村网民使用手机上网的比例高于城镇网民，使用其余设备的比例则均低于城镇网民，如图1-6所示。

截至2013年12月，农村网民使用手机上网的比例已达到84.6%，高出城镇5个百分点。手机上网成本低、易操作，便于农村地区居民接入互联网，成为农村居民上网的主流设备。截至2013年12月，农村网民手机上网规模达到1.49亿，较2013年底增加了3 220万人，增长率为27.5%，增速高于城镇手机网民的19.4%。

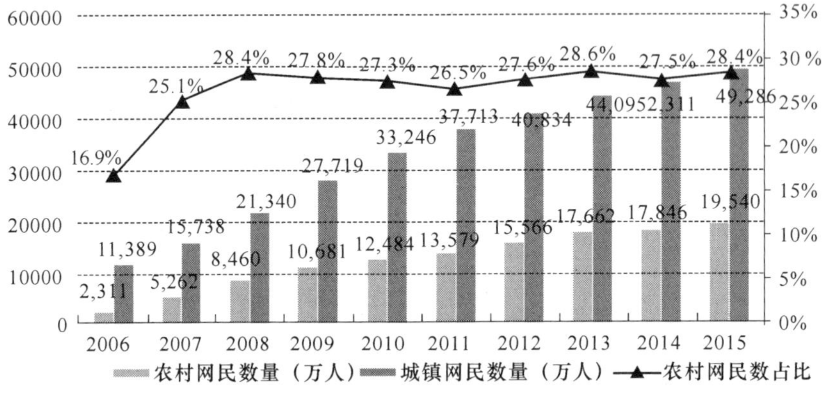

图 1-6　城乡网民规模对比

未来随着 4G、5G 网络的推进，网络资费将进一步下调，手机在农村网民中的渗透率将进一步加大。电子商务类应用在农村网民中的渗透率也在不断扩大，各商务类应用的使用率均有所上升，例如，2015 年，网上预订火车票、机票、酒店和旅游度假产品的网民分别占比达 28.9%，14.4%，15.5%和 6.1%。其中，手机预订机票、酒店、火车票或旅游度假产品的网民规模达 2.32 亿，较 2015 年底增长2 236万人，增长率为 10.7%。我国网民使用手机在线旅行预订的比例由 33.9%提升至 35.4%。

我们可将这种从 PC 端跨越到移动端的现象称为网购的跨越式发展，即一步跳入移动互联网的发展方式。形成这种现象的原因主要有以下几个方面。

(1) 农村的互联网普及率非常低

农村的互联网普及率一直处于一个非常低的水平，如图 1-7 所示。

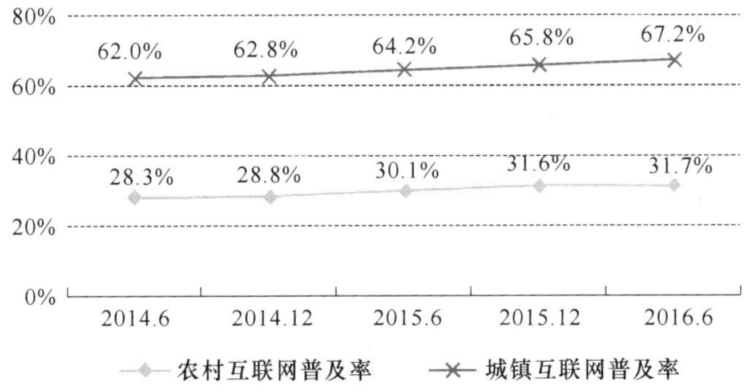

图 1-7　中国城乡互联网普及率

农村互联网普及率保持稳定，截至 2016 年 6 月为 31.7%。但是，城镇地区互联网普及率超过农村地区 35.5 个百分点，城乡差距仍然较大。

对互联网知识的缺乏以及认知不足，导致农村居民对互联网使用需求较弱，调查显示，农村非网民不上网的原因主要是“不懂电脑/网络”，占比为 68.0%；其次为“年龄太大/太小”，占比为 14.8%；“不需要/不感兴趣”，占比为 10.9%（见图 1-8）。而要解决农村非网民“不会上网”和“不愿上网”的问题，一方面，要发挥乡镇村委会、活动中心、学校教育资源的作用，开展农村计算机和网络知识培训，推动互联网知识的普及与应用提升；另一方面，以需求为导向、以地区为维度，推行更符合地域特征、更贴近农民生活的措施及服务，解决农村非网民的上网痛点，引导农村非网民使用互联网。

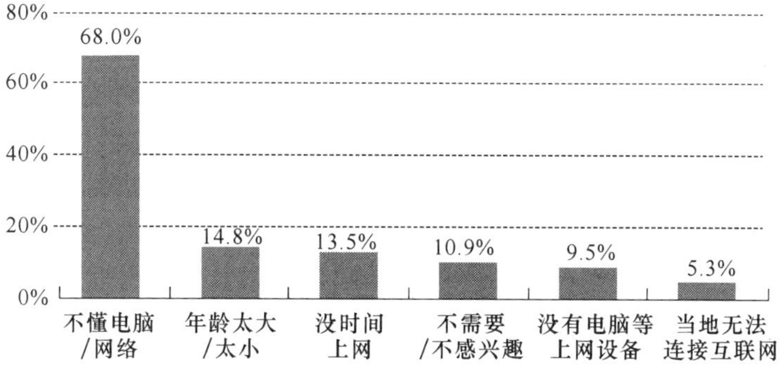

图 1-8　农村非网民不上网原因

（2）人员流通率加快

城镇化吸引了很多农村的青壮年到城市打工赚钱，他们主要从事的行业包括建筑、安装、搬运、水暖等。而这些工作都是短期性质的完成之后很多农民就又回到农村，从事一些农业方面的活动。可以说，农民在农村和城市两头跑。移动智能手机可娱乐、可携带，沟通、娱乐两不误，自然普及较快。而台式电脑不便携带自然购买者较少。

（3）移动设备老少皆宜

移动设备随时随地可以玩，正好迎合了娱乐设施极度缺乏的农村居民的需求。手机具有便携性、能够在任何场景下进行娱乐，对于极度缺失娱乐的农村而言，自然成为农民争相拥有的对象。

（4）智能手机较便宜

随着技术的不断发展，智能手机的产量逐年提高，成本也不断降低，使得智能手机变得非常便宜，农村居民完全能够购买得起。这就为农村移动互联网的普及奠定了坚实的基础。

如果从 20 世纪初算起，PC 端经历了大约 15 年的时间，才为移动端的发展奠定了坚实的基础。2014 年移动端迅速扩张，基于移动应用的商业模式终成市场上关注的对象。农村电商因为上述诸多原因，使得电脑很难在农村普及，那么基于PC端的商业模式自然难以在农村这片热土上生根发芽，更遑论成就蔚然之势。而移动端等智能设备的出现正好适应了农村居民的使用特点和农村的实际情况，所以，农村电商有了跳过PC端直接进入到移动端的条件和可能。这种特点值得有志于进军农村电商的从业者仔细琢磨。农村移动互联网具有的优势，或将直接催生众多基于移动端应用的商业模式，这也是未来值得社会各界共同关注的内容。

3. 农业APP的广泛使用

当前农村电商的一个较为成熟的电商应用是手机端的农业类APP。2014年年11月22日，“农医生”在第30届全国植保会上正式上线。这是一款面向农村、种植大户、合作社、农技推广人员、农资经营企业和农业专家的手机应用，能帮助农民通过手机简便地与农技专家对接，及时获得咨询建议。软件免费下载，功能简单，操作便捷。

2014年11月，陕西第一家农资电商平台“富钾优购”上线，陕西富钾农资随即推出“富钾优购”的移动端APP。这是一个以陕西为首要市场区域的平台，该APP重点在于聚焦区域与作物，受到了社会各界的广泛关注，如图1-9所示。

图1-9　富钾优购APP

2015年，农资电商第三方平台农一网和云农场的农资移动端APP相继上线，尤其是云农场在3月19日这个时间点，推出了乡间货的、农技通、云农宝、丰收汇等产品，这些都是农村电商发展的重要表现。2015年5月，“田田圈”陆续在各省市县上线，一些地方的“田田圈”体验店已经在教种植户下载“田田圈”APP进行切身体验。其实早在2015年3月初，市场上就有消息透露，诺普信目前正在打造的农资电商平台手机应用程序（APP）“田田圈”已处于测试阶段，不到两个月，“田田圈”已经正式上线，显示了电商对于农村市场开拓的急迫性。随着“田田圈”的正式上线，带动了农资APP市场的火爆升温。

尽管从发展的角度而言，电商经历了从PC端到移动端的过渡，但是因为一些主客观原因，农村显然没有经历这一城市中所经历的过程，而是直接跨越到移动互联网阶段，这可以说是当前农村电商在发展的过程中必须要认识的特点。在这种跨越式的发展状况中，农村电商可以直接借鉴城市移动互联网的发展经验，进而开展以农村移动互联网为基础的商业模式探索工作，这对于每个致力于掘金农村电商的企业而言，都是一种机遇。

第2章

农业电商应用系统的功能

2.1 农业电商信息平台的功能

2.1.1 农业信息系统

农业电商是忠于"商机"的，在信息平台上获得有用的商务信息是进行电子商务的开端。以互联网为代表的公共信息平台就是一个蕴藏巨大商机的平台，交易中所涉及的信息流、物流和资金流都与信息系统紧密相关。互联网信息系统是指企业、组织和电子商务服务商，在互联网的基础上开发设计的信息系统，它可以成为企业、组织和个人消费者之间跨越时空进行信息交换的平台，在信息系统的安全和控制措施保证下，通过基于互联网的支付系统进行网上支付，通过基于互联网的物流信息系统控制物流，最终保证企业、组织和个人消费者之间网上交易的实现。因此，互联网信息系统的主要作用是提供一个开放的、安全的和可控制的信息交换平台。它是电子商务系统的核心和基石。

提供平台服务的电子商务服务商主要有四种：接入服务商（Internet Access Provider，IAP），主要提供互联网通信和线路租借服务；服务提供商（Internet Service Provider，ISP），主要为企业建立电子商务系统提供全面支持；一般企业、组织与消费者上网时只通过 ISP 接入互联网，由 ISP 向 IAP 租借线路；内容服务提供商（Internet Content Provider，ICP），主要为企业提供信息内容服务，如财经信息、搜索引擎；应用服务系统提供商（Application Service Provider，ASP），主要为企业、组织建设电了商务系统时提供解决方案。

2.1.2 农业电商信息平台的实现

农业与农村信息化是农业电商信息平台实现的必要前提。农业电商信息平台功能的实现必须依托信息平台的建设，农业信息平台建设是农业与农村信息化的重要任务之一。根据农业部制定的《全国农业和农村信息化建设总体框架（2007—2015）》，我国农业和农村信息化的主要目标是：农业和农村信息化建设要遵循"政府部门主导，社会力量参与，完善运行机制，实现多方共赢，服务亿万农民"的基本原则，以解放和发展农村生产力为核心，以优化配置信息资源为基础，以开发应用信息技术为支撑，以提升信息服务能力为重点，通过农业部门与相关部门及社会力量的共同努力，到 2015 年，农业和农村一体化信息基础设施装备水平有明显提高，信息化对现代农业、农村公共服务和社会管理的支撑能力显著增强，乡村两级信息化服务组织得到充分发展,农业和农村信息化可持续发展机制逐步完善,基本满足发展现代农业和建设社会主义新农村对信息化的需要。在我国广大的涉农组织中,绝大多数为中小微企业。我国的农业企业信息化具有与大型企业信息化的不同特点和规律。从现阶段实际情况出发,走中国特色的农业企业信息化发展道路,没有现成的经验可循,需要在实践中不断摸索和总结,政府部门要在充分发挥中小企业主体作用的基础上,加强引导,激发中小企业信息化建设的积极性、主动性和创造性。要针对当前制约农业企业信息化的关键问题,通过政策引导、营造环境、组织协调、提供服务、集中力量、重点突破,逐步实现信息化推进工作的目标。

2.2 农业电商的支付结算功能

2.2.1 支付体系的概念

通常,公众电子商务支付体系是和多家商业银行合作其间建设的支付体系。支付体系在公共网络和相对独立的银行网络之间驾起一座桥梁,把用户需要在公网上传输的支付信息(银行账号、密码等)采用 CA 安全认证系统进行加密,发给银行内部网络;同时要接收银行系统响应消息加密后,发送给最终用户,确保用户支付信息在公网上传输的安全性和可靠性。支付结算是网上交易完整实现的重要一环,关系到买方是否讲信用,能否按时支付;卖方能否按时回笼资金,促进企业经营良性循环的问题。在我国,小额农产品交易的结算方式以现金为主,即“一手交钱,一手交货”,双方在交易过程中可以面对面地进行沟通并完成交易。网上交易则使交货和付款在空间和时间上发生分割,买方购买时一般必须先付款后送货,支付方式灵活,可在线结算也可线下结算。

2.2.2 农村支付结算的现状

1. 支付结算工具使用主体不足,有效需求较弱

我国农业生产以自由、松散的家庭经营方式为主,服务“三农”的电子支付基础设施建设相对落后且投入滞后。金融资源的逐利性,导致了电子支付服务在县域、农村地区供给不足;金融机构网点分散、密度低、布局失衡。除了网络与系统建设投入不足外,ATM 自动存取款机、BST 自助终端等新型银行电子产品在农村推广也极少,有的乡镇根本就没有这些设备。

2. 支付结算方式较单一，服务手段较陈旧

目前，以农村信用社为代表的金融服务机构承担着金融支农和提供结算服务的重担，而农村信用社、邮政储蓄等金融服务机构没有网络优势，金融产品单一，不能为农村提供更好的服务。农村信用社普遍以传统的现金、支票和汇兑业务为主，银行卡、汇票、网上支付等新型结算方式使用率较低，信用卡使用不方便。资金结算在途时间长、汇路不畅、周转环节复杂等制约了农村信用社支付结算工具的发展。邮储机构网点多，业务种类单一，信汇业务金额以小额业务为主。农村地区收储企业资金需求季节性强，往往集中于产粮季节，主要使用支票（现金支票和转账支票）和大额支付系统进行资金清算。

3. 农村地区支付结算工具使用亟待规范

目前在农村地区支付工具使用中存在的问题有：使用支票结算，由于某些单位信用程度低及填写不规范，有签发空头支票、背书不符的现象；《票据法》相关规定无实施细则，造成理解不一，导致退票增多；现行票据样式使用不便，如汇票、支票背书栏较少，增加了粘单的使用，汇票出票行记载事项不详细，不便于票据的查询。以上造成了金融支付工具使用的不便，亟待有关部门规范支付结算工具的使用实施细则。

4. 信用制度缺位，现金支付比重高

非现金支付工具的有效使用，必须建立在良好的信用基础上，而当前部分农村地区社会信用环境还不完善，信用制度不健全，部分企业和个人的信用观念淡薄，信用等级不明确，恶意逃废银行债务的现象仍一定程度存在，制约了非现金支付工具的推广和使用。农民在支付时更习惯于使用现金，同时也承担着由现金支付带来的诸多不便和制约因素。当前，我国农村地区的现金支付观念稳固，网络等现代化通信设施不够普及，信用体系尚不健全，交易信息极不对称，这些问题已成为制约“三农”电子支付发展的瓶颈。

5. 收费制度制约了支付结算工具的推广使用

各金融机构普遍实行收费制度，如跨行交易手续费、年费等，为节省费用，结算主体仍使用现金交易，而不愿使用支付结算工具。小额支付系统由于单笔金额小，系统中心要实现规模效益，减少成本，就要实行批量发送，这势必会造成支付结算的滞留。支付系统延伸“不到头”。国有商业银行县以下网点支付系统都要通过营业部转。农村信用社虽然开通了人民银行大小额支付系统，但清算还是以县联社资金清算中心办理为主，其他信用社不能直接进入系统，县以下的农村信用社电子汇兑要进入全省电子汇兑系统，要由县联社资金清算中心重新全部录入并打押，因此，农村信用社的资金到账至少要1个工作日。

2.2.3 农村支付结算的改进

现代电子支付手段的大力推广必须有三方面的基础作为支撑：其一，现代化农业产业基础；其二，功能齐全、服务到位的金融服务主体；其三，良好的信用基础。目前，非现金支付结算工具因农村普遍认知度较低、票据市场尚不完善、信用环境不佳等因素的影响，制约了支付工具的推广使用，亟待畅通农村支付结算渠道。而农村电子支付市场发展的前景却十分广阔。农户与农产品供应商、农产品供应商与农产品加工企业之间的资金结算更趋多样化，以现金支付为主的非电子支付方式已经远不能满足农村经济发展的现实需求。因此，中国农业银行的电子银行本着市场引导、发挥优势、突出特色、因地制宜的原则，积极探索"三农"电子支付创新。针对农村金融机构少、支付结算基础设施相对滞后、网络普及率低、支付结算方式单一、支付结算手段陈旧，以及非现金工具应用较少等农村支付结算的现阶段特点，积极打造出现代化的"三农"电子支付平台，为农村经济提供信贷支持和综合金融服务。

创新电子支付渠道，为农村地区提供多渠道的协同服务。目前，我国农村地区的金融网点比较分散，网络覆盖率低，同时农民和农村商户的电脑网络知识欠缺，而电话和手机却已深入到千家万户。针对这种现状，农业银行对现有的支付渠道进行创新，因地制宜地推出了接入和使用更为简易的电话银行和网络转存终端等新一代支付渠道，帮助农民实现了"足不出户、轻松支付"的愿望。创新电子支付产品，满足"三农"客户新的金融服务需求。随着社会主义新农村建设的深入开展，"三农"客户的金融服务需求也在不断变化，炒股和炒基金也由城市转向农村，农村的高端客户理财需求日益高涨。农业银行推出的基金网上销售平台——基金 e 站，受到广大农村客户的欢迎。

创新电子支付模式，促进"三农"电子商务快速发展。我国存在不同规模的农产品批发市场数千家，每年成交额数万亿元，形成了销地市场与产地市场相衔接、批发市场与贸易市场相结合的农产品销售网络。然而，由于支付手段的落后，以及农民对网上交易诚信度的担忧，造成了在此领域非现金支付比例提高缓慢。为此，农业银行在原有电子交易支付模式的基础上，推出保证金交易模式，以电子商务信用支付模式为基础，构建服务"三农"的信用支付平台，为促进农产品交易更好地发展提供了支付手段的保障。

创新电子支付服务手段，为"三农"商户提供全面周到的支付增值服务。针对"三农"经济中的信息不对称问题，农业银行将实现产品交易供求信息、产品行情咨询信息、供求双方信用档案等信息共享，从而促进了电子支付交易更加安全和顺畅进行。在不断深入地开拓农村金融服务市场的过程中，"三农"客户与农村金融服务提供企业实现了互惠共赢，企业的社会责任与市场效益得到了和谐统一。

2.3　农业电商的物流配送功能

2.3.1　物流配送的意义

进行网上交易时，如果用户与消费者通过虚拟平台订货、付款后，不能及时送货上门，便不能满足消费者的需求。因此，一个完整的电子商务系统，如果没有高效的实物配送物流系统作为支撑，是难以维系交易顺利进行的。

2.3.2　农产品物流配送的现状

农产品物流市场体系逐步完善。全国各地坚持以市场为导向，大力培育农副产品市场如大型批发市场、专业市场和集贸市场，基本上形成了从生产、收购、流通加工、运输、储存、装卸、搬运、包装、配送到销售一整套组织环节。

农产品物流市场体系的区域发展不平衡。由于经济发展的不平衡，导致城乡之间、地区之间在经济、消费、观念等诸多方面存在很大差异，物流企业、物流设施、物流活动高度集中在交通极为发达的地区，而在乡村物流业的发展较缓慢。东部沿海省份由于经济发达程度高，农产品物流市场发展迅速，流通体制完善，而西部地区由于经济基础差，农产品物流市场发展滞后。农产品批发市场和农产品流通中心发展较快，但市场交易法规建设薄弱，交易规范化程度有待提高。农产品在流通过程中的环节过多，流通成本趋高。虽然农产品储藏加工业有所发展，但规模小、水平低。

农产品物流形成主体多元化和组织形式多样化的局面。我国的农产品物流主体有：国有商业企业、供销社、民营企业、股份制企业等各类企业，农村生产经营大户、专业协会、专业场（站）、专业合作经济组织等。其中，农业产业化龙头企业在发展农产品物流方面起到了积极作用。虽然我国农产品物流从业主体绝对数量大，但是众多的参与个体和组织规模小、层次低、离散性强、联合性差，组织化程度低，缺乏竞争力。

农产品物流呈现传统流通渠道为主，新型流通业态逐步形成的态势。从县城到集镇、乡村，县城商业网→集镇商业网→乡村商业网的流通网络基本形成。集中分布固定网点，并以流动网点作为补充，以中小型网点为主，以县城为中心，集镇网络为骨干，联系乡村分散网点并与农产品采购网络结合起来的新型流通格局正逐步形成。随着农产品零售市场渠道的不断拓宽和规范化，特别是超市农产品销售等新型农产品销售业态的出现及规模的扩大，使农产品企业化经营得到快速发展。

我国农产品物流技术仍处于低端水平。农产品物流以常温物流或自然物流为主，未经加工的鲜销产品占绝大部分。在运输过程中，保鲜、包装、再次加工技术比较落后，而且运输工具不能满足农产品物流的需要，农产品在流通过程中损耗严重。相对于工业品物流而言，农产品物流发展缓慢。第三方物流虽有较大发展，但自营物流仍占主导地位。专门从事农产品第三方物流的企业数量少、规模小、管理水平滞后、经营成本高、利润低。

2.3.3 农产品物流配送的改进

针对我国农产品物流发展现状，应从以下各方面加强农产品物流的发展：①提高农民素质，增强现代物流意识；②加大对农产品物流基础设施的投入；③打造现代农产品供应链管理模式；④政府应为改善农产品物流创造良好的社会环境；⑤协助农业龙头企业构建各种形式物流组织实体；⑥不断提高农产品物流技术；⑦加快对农产品物流专业人员培训；⑧注重农产品的加工开发；⑨立法建章，加快制订和完善农业电商的安全认证功能。

2.4 农业电商的安全认证功能

2.4.1 电商安全认证的意义

商务安全是农业电商必不可少的有力支撑。由于电子商务所处的是虚拟的交易环境，因此参与各方的身份认证就变得重要且必要。CA 认证中心通过给用户签发 CA 证书，确保电商用户在公网上传输信息的安全。CA 证书相当于电商用户的“网络身份证”，它包含了用户的个人信息，当用户在网络上进行商务活动时，互不认识的双方就可以用 CA 证书来确认对方身份的真实性和可靠性。

2.4.2 电商安全认证的现状

从 CA 中心建设的背景来看，我国的 CA 中心大致可以分为三类：行业或政府部门建立的 CA，如 CFCA、CTCA 等；地方政府授权建立的 CA，如上海 CA、北京 CA 等；商业性 CA。行业性 CA 既是数字认证服务商也是其他商品交易的服务商，在不同程度上参与交易过程，与 CA 中心本身要求的独立第三方性质不符。就应用范围而言,行业性 CA 更倾向于在自身熟悉的领域开展服务。政府(包括地方政府)授权建立的第三方认证系统属于地区性 CA,除具有地域优势外,在推广应用和总体协调上也具有明显的优势。不过,地区性 CA 离不开与银行、邮电等行业的合作。在技术层面上,我国 CA 认证技术完全自主研发。由于参与主体多,导致标准不统一。在应用层面上,一些 CA 认证机构对证书的发放和审核不够严谨。由于市场竞争压力,存在未经严格验证与审查就发放证书的现象,降低了 CA 安全认证的权威性和公正性。在分布格局上,认证 CA 认证机构存在地域性和行业性限制,无法满足充当面向全社会的第三方权威认证机构的基本要求。就互联网而言,不应该也不可能存在地域限制。

综上可见,我国 CA 安全认证行业存在的不足主要体现在 3 个方面:一是行业整体发展具有一定的盲目性;二是 CA 安全认证中心繁多,但许多并不是真正意义上的第三方权威认证机构,CA 中心之间的协调和交叉认证困难;三是整个行业发展和自身管理较混乱。

2.4.3 电商安全认证的改进

针对以上电商安全认证存在的问题,应从以下几方面进行完善。第一,建立有序的 CA 互通格局。我国 CA 业"群雄并立",各地区、各行业分而治之的局面不利于 CA 业的长期有序发展,因为现实中的垄断并不能构成互联网上的优势地位,某一领域内的单根认证中心也不利于电子商务的健康发展。基于最高级别的根 CA(国家根 CA),由多个真正第三方 CA 构成的多根认证中心才能为各个行业、各个地方的用户提供更大的便利和专业性的服务,从而避免各方在协调和服务过程中的互相牵扯和不相容。就投资而言,CA 中心的投资应该由一个有稳定收入来源、实力雄厚、承担的风险较小且具有极高信任度的社会机构来承担。第二,确保 CA 技术的可靠性。在技术层面,CA 中心的建议涉及国家的主权和利益,不能受制于人,因此在安全和加密技术上,应减少对国外技术的依赖。国家应对 CA 技术的研发进行合理控制,在遵循国际标准的基础上,开发拥有自主产权的 CA 产品。同时,由于 CA 认证必须具有透明性、社会性和公正性,因此 CA 中心必须采取安全可靠的技术和严格高效的管理来保证自身的被信赖度。第三,实现行业管理的标准化与法制化。我国于 2004 年颁布实施了《电子签名法》(2015 年修正),使电子签名在法理上以及实际应用上成为一种有效的网络法定身份证明。随着信息安全领域标准化、法制化建设的日益完善,中国 CA 业的标准化管理将逐步发展和健全,CA 的建设和应用将走上健康发展的轨道。

行业应用篇

第 3 章

种植业电商

种植业在农业中的位置十分重要,也是电商模式应用最为广泛的一个领域,从种子到其他方面都存在有垂直的电商平台。

本章主要对种植业电商的相关方面进行分析和认识,从不同角度进行深入了解,分别是业务流程、现状、问题、种植业电商在实际中的应用及案例学习,使读者对种植业电商有更深入的了解。

3.1 种植业的业务流程

3.1.1 种植业及其作用

植物栽培业简称种植业，是利用植物的生活机能，通过人工培育以取得粮食、副食品、饲料和工业原料的社会生产部门，是农业的主要组成部分之一。从狭义上讲，种植业就是农业，在我国通常指粮、棉、油、糖、麻、丝、烟、茶、果、药、杂等作物的生产。

种植业以土地为基本生产资料，利用农作物的生物机能将太阳能转化为化学潜能和农产品。就其本质来讲，种植业是以土地为重要生产资料，利用绿色植物，通过光合作用把自然界中的二氧化碳、水和矿物质合成为有机物质，同时，把太阳能转化为化学能储藏在有机物质中。它是一切以植物产品为食品的物质来源，也是人类生命活动的物质基础。种植业是农业的重要基础，不仅是人类赖以生存的食物与生活资料的主要来源，还为轻纺工业、食品工业提供原料，为畜牧业和渔业提供饲料。同时，种植业的分布和发展对国民经济各部门有直接影响。我国种植业历史悠久，占农业比重较大，其产值一般占农业总产值的一半以上，它的稳定发展，特别是粮食作物生产的发展对畜牧业、工业的发展和人民生活水平的提高，对中国国民经济的发展和人民生活的改善均有重要意义。

3.1.2 种植业务、供应链流程及产业链

在种植业参与者"触电"之前，必须清楚传统业务流程，再了解电商业务流程，两者比较之后，将原有流程进行重组与优化，最后将适应电子商务环境的种植业业务流程确定下来（见图 3-1）。业务流程是为达到特定的价值目标而由不同的人分别共同完成的一系列活动。操作是使用已有资源，对已有事和物进行加工改造，使之产生目标结果的过程。标准作业程序（Standard Operation Procedure，SOP），就是将某一事件的标准操作步骤和要求以统一的格式描述出来，用来指导和规范日常工作。SOP 通过对某一程序中的关键控制点进行细化和量化，能够缩短新进人员熟悉及学习的时间，只要按照步骤提示就可最大限度地避免失误和疏忽。《农村电商实用手册》对于初涉农业电子商务的人来说，就是一本介绍农业电商 SOP 的书。

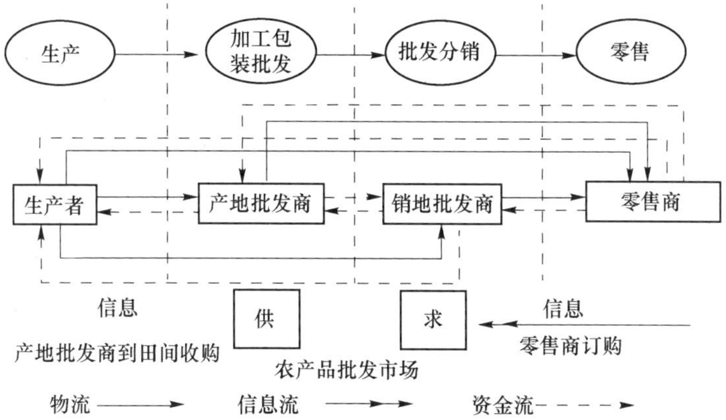

图 3-1　种植业务流程

供应链(Supply Chain)是围绕核心企业，通过对信息流、物流、资金流的控制，从采购原材料开始，制成中间产品以及最终产品，最后由销售网络把产品送到消费者手中的将供应商、制造商、分销商、零售商、直到最终用户连成一个整体的功能网链结构。供应链管理是在满足服务水平要求的同时，为了使系统成本达到最低而采用的将供应商、制造商、仓库和商店有效结合成一体来生产商品，并把正确数量的商品在正确时间配送到正确地点的一套管理方法。

农产品供应链是由农资供应者、农产品种植者、养殖者、加工者、物流服务经销者、消费者等各个环节所构成的组织形式或网络结构；对消费者及其市场需求进行调查分析，了解行情，在契约的带动、引领下，通过农业合作社及农产品生产基地将供应链上游的大多数分布不集中的农户有机组织起来，与中游的农产品加工企业建立战略合作关系，把下游连锁商场、超市或大型仓储中心作为核心企业和主要零售点，通过对信息流、物流、资金流和质量流的控制，将供应商、制造商、分销商、零售商和顾客连成一个整体，为顾客提供优质、安全、环保的高附加值农产品。

产业链是各个产业部门之间基于一定的技术经济关联，并根据特定的逻辑和时空布局关系客观形成的链条式关联关系形态。产业链的本质是用于描述一个具有某种内在联系的企业群结构，它是一个相对宏观的概念，包括结构属性和价值属性。产业链与供应链概念有所不同，其主要区别有：①出发点不同，产业链是从整个产业出发，涉及的是整个产业的产品；供应链是从单个企业出发，涉及的是企业产品。②主体不同，产业链的主体是行业或行业组织；供应链的主体是企业及其合作伙伴。③范围不同，产业链范围更广，供应链涉及的范围只是供应链核心企业的上下游。

3.1.3 农产品电子商务业务流程

农产品供应链的业务流程起始于农资供应，结束于农产品消费者的消费，在业务链中依次经过农资供应→农产品生产→农产品销售→农产品消费四个环节。而从农产品生产到农产品消费这个链条中，需经历多个节点。这是由于我国农产品流通体系长期存在的复杂因素造成的。通常的农产品流通需经过产地批发→销地批发→销地零售等多次流转才能最终到达消费者手中，过长的流通链条，导致农产品市场信息严重不对称，伴随着我国农产品物流体系的落后，从而使“农民卖难，消费者买难”现象长期存在。

虽然同是农产品，但基础性农产品（如粮食）和其他农产品（如水果、蔬菜）的业务流程却不尽相同。同样，不同类型的电子商务交易，虽然都包括商情沟通、资金交付、商品配送及验收商品 4 个阶段，但流程也有所不同。目前的电商交易模式基本上可归纳为两种：一种是商品直销；另一种是商品中介交易。

网络商品的直销是指商品需求方和供应方（也可指消费者和生产者）直接利用网络做买卖，排除批发、代理等中间环节。这种交易的最大特点是商品的供需双方直接在网络上对接，环节少、速度快、费用低。网络商品直销过程主要包括：①消费者进入网络，查看企业和商家的信息；②消费者进入购物站点，并通过购物对话框填写购物信息，包括姓名、地址、选购商品名称、数量、规格、价格；③消费者选择支付方式，如网银支付、货到付款、第三方支付等；④企业或商家的客户服务器检查支付方服务器，看汇款额是否被认可；⑤客户服务器确认消费者付款后，通知销售部门送货上门；⑥ 消费者接到商家发货通知，等到货后验收。

网络商品中介交易是通过网络商品交易中心，即虚拟网络市场进行的。在整个交易过程中，交易中心以互联网为基础，将商品供应方、采购方和银行紧密地联系起来，为客户提供市场信息、商品交易、仓储配送、贷款结算等全方位服务。目前较具规模的电子商务平台提供商是这种交易服务的主要提供者。网络商品中介交易过程分为四步：①买卖双方将供需信息从网上传递给网络商品交易中心，交易中心向参与者发布大量且详细的交易数据和市场信息；②买卖双方根据这些信息选择自己的贸易伙伴，交易中心从中撮合，促使买卖双方签订合同；③买方在交易中心指定的付款方式下选择并办理付款手续；④交易中心负责安排货物的物流与配送。

农产品电子商务的业务流程（见图 3-2）包括农产品买卖双方的商情沟通、资金支付→农产品物流配送→农产品验收 4 个阶段。农产品直销模式与农产品中介交易模式的主要区别在于，直销模式没有第三方参与，买卖双方在彼此搜寻过程中存在一定的盲目性和偶然性；直销模式在进入支付阶段后，需双方协商付款结算方式；直销模式的农产品物流配送通常由卖方解决。

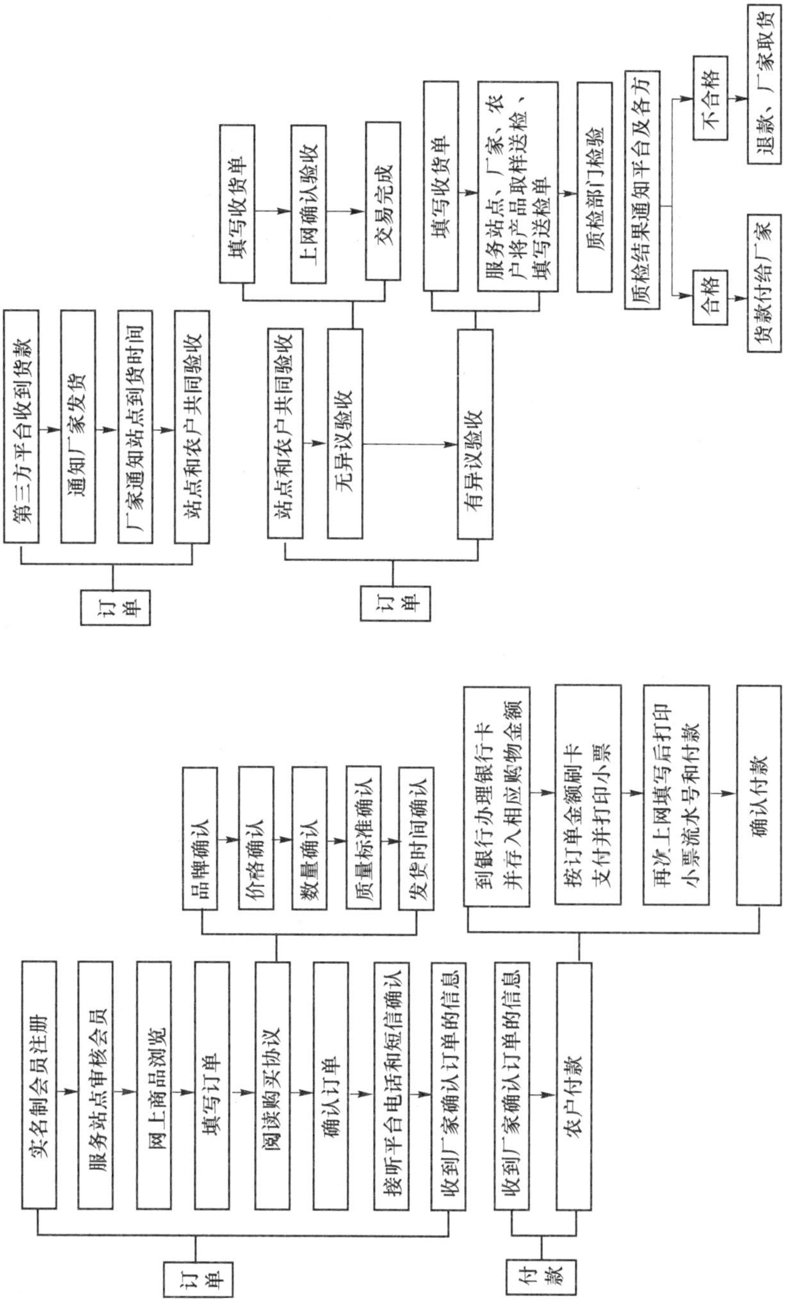

图 3-2　农产品电子商务业务流程

3.2 种植业电商的发展现状

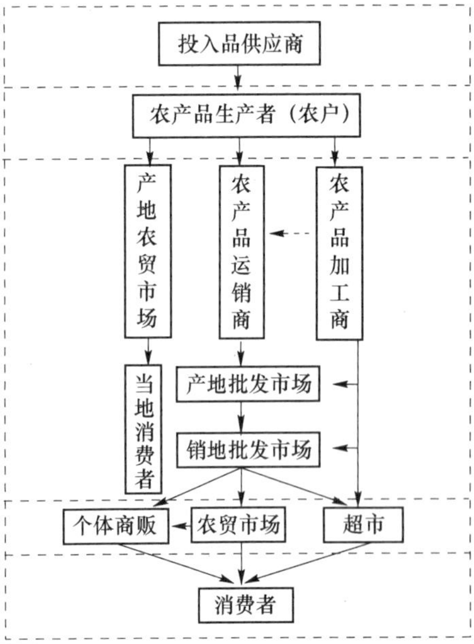

图 3-3 我国农产品供应链的结构

俗语称，“术业有专攻”，在传统种植业从业者进入电子商务领域之前，首先要做的就是确定一个明确的目标，然后再根据要实现的目标，将这个总体目标层层分解，细化、具体化，做到“既有长远规划，又有近期打算”。确定目标绝不是“拍脑袋”的盲目决定，需要在调查分析的基础上进行。根据 3.1 节的讲解，在进行调查分析时不仅要立足自己所从事种植业细分领域的操作流程，还要梳理出整个农产品供应链的结构（见图 3-3），再结合电子商务环境，最终明确自己在农产品电子商务流程中的位置，做出适合自己的电子商务规划。

种植业产品从初级产品的供应到最终送到消费者手中要经历多个环节，相邻各节点之间的关系是供求关系，即买卖关系。打算“触电”的种植业电商从业者依循我国农产品传统的供应链流程，有如下几个节点。

3.2.1 农资等农产品生产投入品供应者

农用物资简称农资，一般是指在农业生产过程中用以改变和影响劳动对象的物质资料和物质条件，如农业运输机械、生产及加工机械、农药、种子、化肥、农膜等。土地不是农用物资，而是农业劳动对象（农业生产过程中人们将劳动加于其上的物质对象），与农用物资相比，它具有数量有限、位置固定、功能不可代替、肥力可以再生等特点。农用物资应用于农业生产，必须采用先进的农业技术，才能使其发挥更大的作用。如科学使用化肥和防治病虫害，采用现代技术改土治田，建立科学的耕作制度等。

随着农村市场体制的不断完善，农资供应主体逐步多元化，打破了计划经济体制时期在农资市场中“供销社”一统天下的局面，但是，供销合作社作为国内零售网点最密集且在一定程度上具垄断特性的系统，是计划经济到目前为止仅剩的产物之一。随着"三农"经济的发展，农村地区潜在的消费需求虽然是各大零售业巨头觊觎的目标，但鉴于供销社定位村镇市场的独特之处，其前景依然被看好。中国供销合作社是以农民为主体组织起来的合作经济组织，由基层供销合作社、县级供销合作社联合社、地市级供销合作社联合社、省级供销合作社联合社和中华全国供销合作总社组成。基层供销社是为满足农村生产和生活需要而设立的销售生产工具、生活用品和收购农产品、副业产品的商业机构。

在我国，生产企业、农业科技部门、少数种田大户、大量个体户以各种形式参与农资市场的流通，经营的品种不仅有种子、化肥和农药，还有农机具、农膜等农业生产资料。由于进货渠道杂乱，质量和信誉难以保证。加之农业生产资料具有品种、规格多，占地面积大，不易陈列和码放，技术含量高，季节性、地域性强等特点，致使农资市场整体规模效益低下，市场竞争力弱。农资市场承载着我国农业丰收的希望和保障，但是由于农产品价格长期低迷，同时农民又受伪劣农资的危害，导致农民购买农业生产资料的积极性下降。因此，探索农资市场健康发展的流通渠道势在必行。首先，积极推进农资现代经营方式，加快形成以农资交易市场为龙头的连锁配送网络；其次，完善农资技术服务网络，提高农资供应服务整体水平，健全农资服务技术配套体系；最后，加强农资市场的整治工作，完善农作物新品种、新农药、新肥料的引进、推广和审查制度，引导农民正确消费。

3.2.2 基础农产品供应者

基础农产品供应者实质上就是农产品的生产者，在我国主要包括以家庭为基本生产单位的农户和以集体组织为单位的农场。农户即从事农业生产劳动的人家；农场指农业生产单位、生产组织或生产企业，以从事农业生产或畜牧养殖为主，经营各种农产品和畜牧产品。

3.2.3 农产品流通中介服务提供者

此处所指我国农产品流通中介服务提供者实际就是农产品流通中去除农产品生产环节和农产品零售环节的所有流通中介服务提供者，包括各类批发市场、中介组织及物流园区等。农产品批发市场是以粮油、畜禽肉、禽蛋、水产、蔬菜、水果、茶叶、香辛料、花卉、棉花、天然橡胶等农产品及其加工品为交易对象，为买卖双方提供长期、固定、公开的批发交易设施设备，并具备商品集散、信息公示、结算、价格形成等服务功能的交易场所。

按交易商品的种类范围，农产品批发市场分为综合型批发市场和专业型批发市场两种。综合型批发市场，日常交易的农产品在三大类以上，如北京新发地农副产品批发市场日常交易的品种有蔬菜、水果、肉类、水产品、调味品等。专业型批发市场，日常交易的农产品在两类以下(含两类)，如粮油批发市场、果菜批发市场、副食品批发市场等，还有只交易一个品类的如蔬菜批发市场、水产批发市场、水果批发市场、花卉批发市场、调味品批发市场、食用菌批发市场、山草药材批发市场、活禽批发市场、活畜批发市场、观赏鱼批发市场、禽蛋批发市场、种子批发市场等。

按农产品市场的城乡区位分布，农产品批发市场可分为产地农产品批发市场、销地农产品批发市场和集散地农产品批发市场 3 种类型。产地农产品批发市场是建在靠近农产品产地的、以一种或多种农产品为交易对象的批发市场。销地农产品批发是建在城市近郊甚至市区、以多种农产品为交易对象的批发市场。集散地农产品批发市场是建在农产品产地和销地之间的便于农产品集散的地方、以一种或多种农产品为交易对象的批发市场。

按农产品批发环节关系，农产品批发市场分为一级批发市场、二级批发市场和三级批发市场。一级批发市场，是直接从产地收购农产品、向中间批发商或代理商销售的批发市场。二级批发市场，其批发商从一级批发市场采购农产品，再销给中间商或零售商。三级批发市场，其批发商从二级批发市场采购农产品，再销给零售商，这类批发市场多从事进口农产品批发。农产品批发市场具有促进商品集散、形成农产品价格、把关农产品质量、保障城市农产品供应、引导农作物生产的重要作用。

物流园区是指符合相关条件的(进入企业及标准或规则)一家或多家企业或单位(运营主体和投资主体)采用相关设施设备(物流设施)管理和从事具有特定功能物流活动(物流功能和服务)、在一定区域空间上(土地规模)集中布局的场所，是具有一定规模和综合服务功能的物流集结点。物流园区将众多物流企业聚集在一起，实行专业化和规模化经营，发挥整体优势，促进物流技术和服务水平的提高，共享相关设施，降低运营成本，提高规模效益。其内涵可归纳为以下 3 点：①物流园区是由分布相对集中的多个物流组织设施和不同的专业化物流企业构成的具有产业组织、经济运行等物流组织功能的规模化、功能化的区域。在空间上具有产业一致性或相关性，拥有集中连片的物流用地空间。②物流园区是对物流组织管理节点进行相对集中建设与发展的具有经济开发性质的城市物流功能区域。物流园区包括物流中心、配送中心、运输枢纽设施、运输组织及管理中心和物流信息管理中心等适应物流管理与运作需要的物流基础设施。③物流园区是依托相关物流服务设施，进行与降低物流成本、提高物流运作效率和改善企业服务有关的，流通加工、原材料采购和便于与消费地直接联系的生产等活动的具有产业发展性质的经济功能区。物流园区作为经济功能区，其主要任务是开展满足城市居民消费、就近生产、区域生产组织所需要的企业生产、经营活动。

3.2.4 农产品流通终端销售服务提供者

农产品零售市场又称农产品消费市场，它是农产品的最终交易场所，反映着农产品的生产者、加工者、经营者和消费者的多方面经济关系。主要特点是：①市场辐射范围较小，多限于周围的消费并与中心集散市场接近；②交易方式主要是现货交易，交易数量小；③在农贸市场上，小批发商业和小零售商业是这类市场的主要供应者，部分农产品是生产者直接在市场销售，这类农产品主要是鲜活农产品；④在超市中，农产品及食品的连锁、配送是其供货的基本形式，市场上以出售已加工的农产品为主，包括鲜活农产品；⑤农产品价格高于产地市场和批发市场。当前，我国农产品零售市场主要包括各类农贸市场、超市、社区便利店等。

农贸自由市场又称农贸市场或自由市场，是指在城乡设立的可以进行自由买卖农副产品的市场。我国的农贸自由市场始于20世纪80年代，是改革开放的产物。销售的农产品主要包括蔬菜、瓜果、水产品、禽蛋、肉类及其制品、粮油及其制品、豆制品、熟食、调味品、土特产等各类农产品和食品。作为销售农产品的固定场所，农贸市场具有明显的经济属性，作为城乡居民“菜篮子”商品供应的主要场所，也具有社会性和很强的公益性。

超市是超级市场的简称，又称自选市场，是许多国家特别是经济发达国家的主要商业零售组织形式，是指以顾客自选方式经营食品、家庭日用品、食物为主的大型综合性零售商场。顾客自行挑选陈列在货架上的货物，然后至结账处一次付款。

社区便利店最早起源于美国，指在居民生活区附近开设的，以满足社区居民的应急性消费需求，为社区居民提供方便快捷购物服务的小型购物场所。社区，此处指的是现实生活中固定地域内形成的地理范围上的区域。由于社区居民往往购买的是日常生活用品，因此其消费往往具有即时性特点。

3.2.5 农产品终端消费者

消费者，就是使用产品、消耗产品的人；法律意义上是指为个人的目的购买或使用商品和接受服务的社会成员。消费者与生产者及销售者不同，消费者必须是产品和服务的最终使用者而不是生产者、经营者。也就是说，其购买商品的目的主要是用于个人或家庭需要而不是经营或销售，这是消费者最本质的特点。作为消费者，其消费活动的内容不仅包括为个人和家庭生活需要而购买和使用产品，而且包括接受他人提供的服务。

在电子商务环境下，这些参与方会发生位置的变动。在电子商务环境下，由于供求方通过网络直接对接，传统农产品供应链上的各中间节点不再存在或者改变功能，因此，对于农产品电商而言，只存在一种关系——供求关系。对于初涉电商的参与者，只要确定自己是供应方还是需求方即可，换句话说，就是确定自己是买方还是卖方即可。电子商务网站业务处理流程如图 3-4 所示。

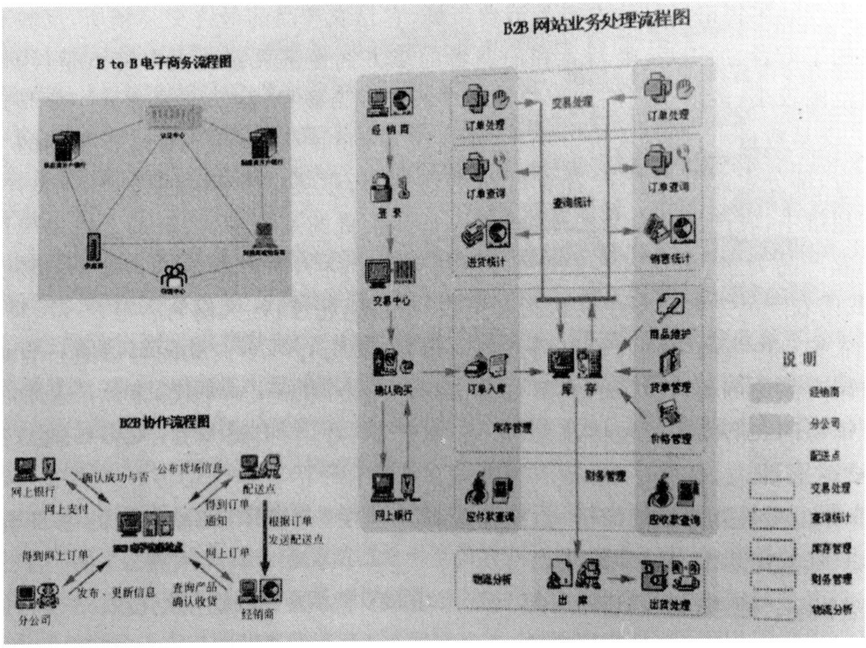

图 3-4　电子商务网站业务处理流程

3.3　种植业电商的发展问题

电商模式在农业领域的发展遇到的瓶颈较大，而种植业作为农业领域的重要组成部分，也存在同样的问题，同时也有着与种植业自身属性相关的阻碍问题。在本节主要针对种植业电商发展中存在的问题进行分析，大致存在以下几个方面的问题：

基础设施覆盖有限；农场缺乏商务人才；种植业生产较分散；传统观念的不认可。

3.3.1　基础设施覆盖有限

一般情况下，与农业相关的基础设施建设主要包括农田水利建设、农产品流通设施建设、商品粮棉生产基地建设、用材林生产基础和防护林建设以及农业教育、科研、技术推广和气象基础设施建设等。

基础设施的建设不仅对种植业电商有着重要影响，而且对整个农业发展的促进作用都十分明显。国家对于农业的基础设施建设投入很大，但是受制于国内面积广阔、人员众多的基本国情，目前基础设施一直处于投入建设中，尚不能满足经济发展和农业电商发展的需要。

基础设施覆盖有限的问题导致的后果，主要体现在以下几个方面：经营管理难度较大；保障作用能力不足；无法充分利用资源；限制农业技术提高；农业水平发展滞后。

3.3.2　农村缺乏商务人才

作为顺应互联网时代发展需求而出现的电商，缺少专业人才是其面临的主要问题。而对于农业而言，这个问题更加突出。在其他行业，从小受互联网影响的一代已经成长起来，即使对于电商模式的具体运作并不了解，至少也对互联网有一定的认识。但在农村，年龄的相距导致互联网思维在农村极少得到应用，而电商需要的就是高级互联网人才和商务人才。在种植业电商发展的困境中，人才的缺口巨大，尤其是综合性高级人才稀缺。同时传统农业领域的企业进军电子商务急需项目负责人，企业之间“挖墙脚”现象严重，导致人才流动性大。

在应对这个问题上，阿里巴巴的做法要领先其他同类平台。首先，其在线下开设农村淘宝，实地解决农村缺乏商务人才的问题。其次，开设网络淘宝大学，与政府合作，积极培训相关的电商人才，如图 3-5 所示。

图 3-5　农村网络淘宝大学

3.3.3 种植业生产较分散

受地理因素限制，我国的种植业主要分布在东部地区，这一地区又进一步分为南方和北方地区，其中南方以水田为主，北方以旱田为主。就整体而言，种植业的生产较为分散。

根据发展种植业的条件、种植制度、作物结构、生产布局和商品化程度等方面，国内的种植业生产区域分布及作物，如图 3-6 所示。

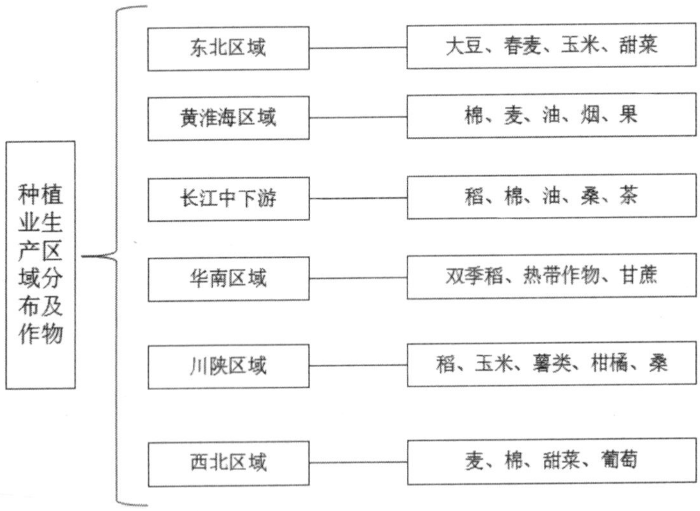

图 3-6　种植业生产区域分布及作物

从种植业区域和作物种类可以看出，国内的种植业生产较为分散，这不利于产品的流通和构建一体化的物流体系，也是目前限制种植业电商发展的主要问题之一。产品流通需要支付额外的物流费用，在物流体系不完善的情况下，这个费用间接地提高了产品的价格。

3.3.4 传统观念的不认可

传统观念对于种植业电商模式的不认可，主要是因为种植业的人口老龄化严重。老年人对于互联网无法理解，如图 3-7 所示。

过去很长一段时间以来，随着我国社会经济发展和计划生育政策的严格实施，人口出生率持续下降、人的平均寿命不断延长，这使得我国人口年龄结构快速转变，人口老龄化现象突出。在农村地区，以青壮年为主的农村劳动力迁移离开农村，使得留在农村的人口老龄化程度更加严重，进一步导致了电商模式难以进入农村。

在未来的发展中，这一现象需要较长的时间才能得以改变。同时为了应对人口老龄化问题，从 2016 年开始，国家全面实施一对夫妇可生育两个孩子的政策。随着时间的推移，这个问题对于种植业电商的发展所带来的阻碍将越来越弱。

图 3-7　老年人不熟悉互联网

3.4　种植业电商的实际应用

种植业电商是应用于实际的产品销售的，直接面对终端消费者，所以除了在理论上做到了解外，还需要对具体的相关内容进行认识，主要包括以下 3 个方面：

种植业电商的流程；流程中的相关人员；进入行业电商平台。

3.4.1　种植业电商的流程

目前种植业电商平台较多，农户单独个人的电商平台较少，所以主要以电商平台的模式来介绍种植业电商流程。

电商平台在实际的流程中所起的作用如图 3-8 所示。

网络商品的中介交易过程主要分为以下 4 个步骤：

第一步，买卖双方提供信息，交易中心发布相关数据；

第二步，买卖双方确定贸易伙伴，经交易平台签订合约；

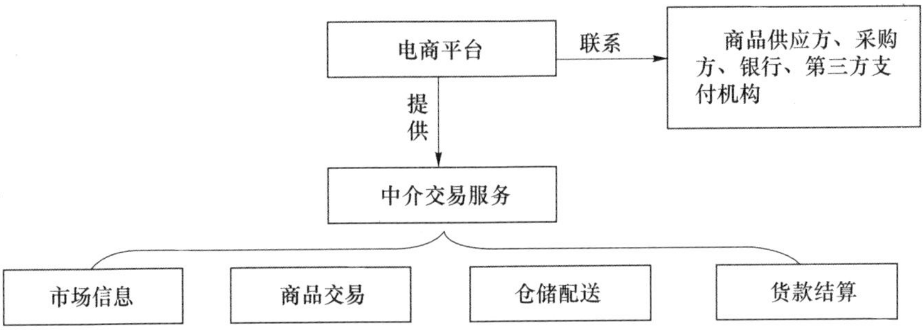

图 3-8　电商平台在实际流程中的作用

第三步，买方选择付款方式并办理相关的付款手续；

第四步，交易中心负责安排货物的物流与配送工作。

种植业农产品电商的业务流程如图 3-9 所示。

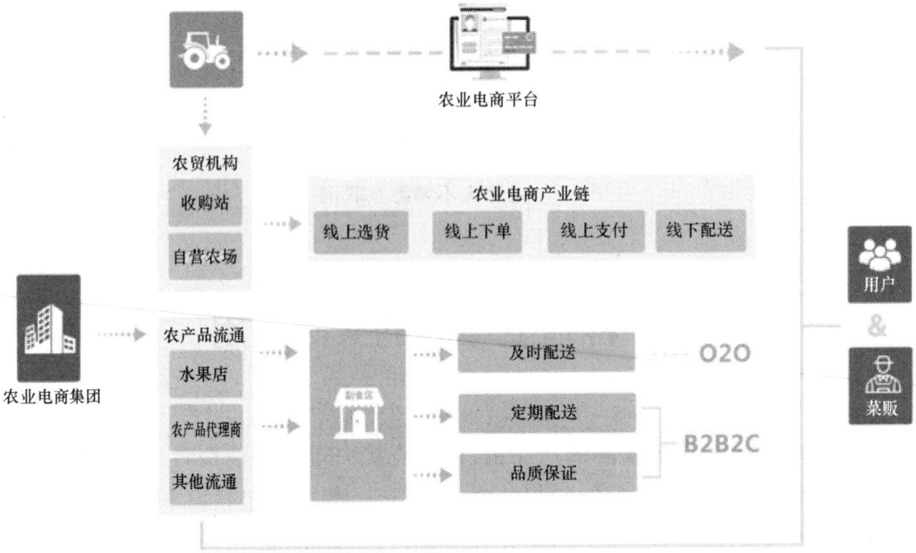

图 3-9　种植业农产品电商的业务流程

3.4.2　流程中的相关人员

种植业的产品从初级产品的供应到最终抵达消费者手中，需要经过较多的环节，尤其是涉及物流的大宗产品。

在这个过程中，相邻的各节点之间是买卖关系，涉及诸多人员，到最终的消费者之前，简化流程为：农资产品供应者→农产品生产者→流通中介商→终端销售者→终端消费者。

其中，农资产品供应者：农资主要是指农业生产过程中用于改变和影响劳动对象的物质资料和条件，如机械、农药、种子、化肥等。

农产品生产者：分为以家庭为单位的农户和以集体组织为单位的农场两种，其作用都是提供基础农产品。

流通中介商：主要是各类批发市场、中介机构和物流园区，它们都是流通的重要环节。

终端销售者：农产品零售市场是农产品的最终交易场所，目前主要有各类农贸市场、超市、社区便利店等。

终端消费者：为个人目的而进行购买的人员，是农业产品和相关服务的最终使用者。

3.4.3　进入行业电商平台

对农业企业而言，构建或者加入电商平台是互联网发展的必要条件，分为以下两种途径：

① 入驻电商平台：在电子商务平台上注册成为会员，开设个人的产品商铺，模式与淘宝网等的电商平台类似。

② 自建电商平台：自立门户，专为销售自有产品的电商平台或者为其他企业提供入驻条件的电商平台。

1. 自建站和平台推广效果对比(见图3-10)

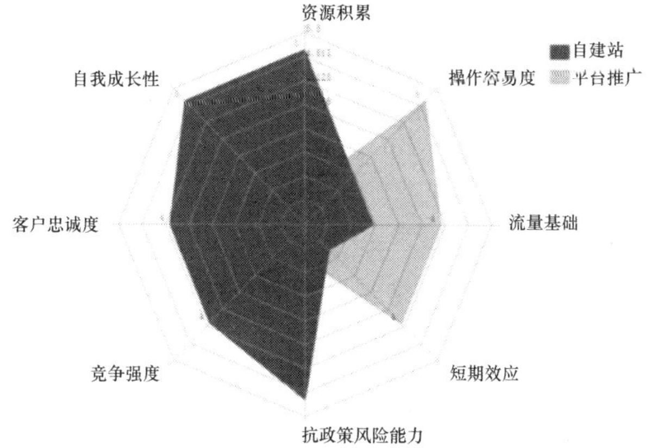

图3-10　自建站和平台推广效果对比

2. 自建站与平台推广各指标差异分析

(1) 操作容易度

自建站包括自主开发和模板建站，无论哪种方式，都要经历较长的制作过程、网站推广和数据分析，才能让自建站的效果得到充分发挥。平台的操作相比之下就比较简单，只要用户在界面上传和更新产品、设置分类、处理销售信息即可。但长远来看，平台也在不断更新迭代，需要用户为此付出新的学习成本，而这些成本和经历投入已足够用来掌握建站推广的要点了。

（2）流量基础

平台流量大，且针对入驻新人有一定的帮扶政策；而自建站是从一个全新的网站开始，用户和流量都要从零开始。但是，平台的流量是不稳定的，一般过了新手期，流量就会突然暴跌，想获得流量就得掏钱。相比之下，自建站长期积累的流量就比较稳定，这对网站有很大的变现价值。

（3）短期效应

平台如淘宝、今日头条等一开始由于帮扶作用，排名推荐都比较好，短期变现能力比较强，对新企业极具吸引力。如果你在这样的平台都没有客户，就要考虑是不是产品环节出了问题，比如定位模糊或者价格不合理。相对来说，自建站的短期效应是比不上平台的，但做网站的企业大多数都不为短期效益，而是着眼于长远发展。

（4）抗政策风险能力

平台运营要服从政策，比如某一产品由于政策限制平台不给卖，那这样我们只能遵从政策限制。而自建站的处理方式就灵活多了，而且握有主动权，平台政策有任何风吹草动都不受影响，反而还有机会快速替补，把平台的流量吸引到自建站上来。

（5）竞争强度

平台突围的策略就是打价格战，这其实是恶性循环。这样会导致卖家利润越来越低，产品质量就会随之下降，用户数量也会减少，最后两极分化，强者更强，弱者基本没有翻身机会。而自建站能充分展示自家产品的优势，比如结合恰到好处的场景、具有煽动性的产品视频、用户展示等，全方位应用营销工具，能获得和平台一样的营销效果。

（6）客户忠诚度

平台的客户流动性很强，大多是经过参数和价格对比后过来的，一般很少回购，毫无情怀可言。而自建站从推广网站到用户注册的过程，都是建立信任和忠诚度的机会，培养一批老用户后还可能为你带来新用户。

（7）自我成长性

自建站面对的是营销的整个过程，对网络营销的熟悉和深入理解是自建站企业必须探索的历程，随着时间的增加，经验也会越来越充分，也越来越能够轻松驾驭网络营销。第三方平台，政策多变，升级快，没有稳定的营销环境，没有形成自己的一套完整的理论经验，又要整装去学习新的东西，等于一直处于探索的路上，却没有总结升华的机会。

(8) 资源积累

通过自建站可以对访客的信息进行记录,或者留下联系方式,这样,所有对产品感兴趣的客户或潜在客户都会被保留下来,就有了二次销售的机会。

有了自建站后,就有了自己网络营销的主节点,所有营销方式都可以有一个自己可以掌控的主信息中心,通过长时间的积累能形成自己的客户数据库,也为邮件推广和社交媒体营销准备了充分的条件。

3. 互联网电商自建站还是第三方平台?

综合分析,在操作难易度、流量基础和短期效应方面,第三方平台比自建站有优势,但是从长远来看,这三方面仍然是自建站更胜一筹;而在抗政策风险能力、竞争强度、客户忠诚度、自我成长性、资源积累方面,第三方平台远比不上自建站。

很多具有长远发展目光的企业,往往既做第三方平台推广,也做自建站,不过还是以自建站营销推广为本,毕竟,自己的东西才是自己能控制和支配的。况且,现在做自建站也能像平台入驻一样简单,比如用建站宝盒,直接安装模板修改,打字拖动就能拥有专属 H5 响应式网站,快速布局网络营销。

进入电商平台之后,无论是哪种模式,进行相关的网络营销都是十分必要的。简单地说,网络营销就是以互联网为主要平台进行的、为达到一定营销目的的营销活动。网络营销具有成本低、效率高、效果好、覆盖面广等特点,具体的营销方式包括:搜索引擎营销;电子邮件营销;即时通讯营销;病毒模式营销;BBS 论坛营销;博客营销;微博营销;微信营销;视频营销;软文营销。

3.5 案例:种植业电商平台

3.5.1 种植业电商平台推荐

1. 中国蔬菜网

中国蔬菜网(http://www.vegnet.com.cn/)是一家集互联网信息、电子商务和线下服务于一体的蔬菜行业专业网站。自 1999 年成立以来,一直引领蔬菜产业信息化潮流,是中国蔬菜产业信息化的成功典范。

在过去的 10 余年,中国蔬菜网以“综合涵盖+行业细分”的双重模式整合蔬菜行业资源,全面服务行业各层面,已经发展成为目前国内蔬菜及相关农业行业知名的专业商务平台网站!

中国蔬菜网数据库目前拥有注册会员 80 万人，日均访问量 20 万人次，VIP 企业会员 4 000 余个，设有中文、英文、日文 3 个语种的服务板块，如图 3-11 所示。

图 3-11　中国蔬菜网

2. 中国大蒜网

中国大蒜网(http://www.dasuan.cn)是全国访问量最大、最具影响力的蒜类门户网站，是蒜类相关厂商建立和扩大生意圈的互联网平台，是他们寻找信息、商机和合作伙伴的最佳助手。

中国大蒜网由中国唯一一家专业大蒜权威调研机构济南绿大地农业技术咨询有限公司创建于 2004 年，其宗旨是服务广大蒜商，连接国内外蒜企，提供前沿信息，实现合作盈利。通过近几年的不断努力，现在，中国大蒜网可以为广大蒜商提供非常翔实的信息，还建立了国内外通道提供外贸商机，并为广大网友提供了电子商务平台，实现在线交易。

中国大蒜网以现货交易平台、内参资讯、广告市场、大蒜币四大服务为中心，开创了多项新的交易模式，满足客户需求，精心打造全方位现货贸易解决方案，以权威、快速、全面、准确的特点服务于众多大蒜专业客户，指导客户更好地把握商机，实现交易，如图 3-12 所示。

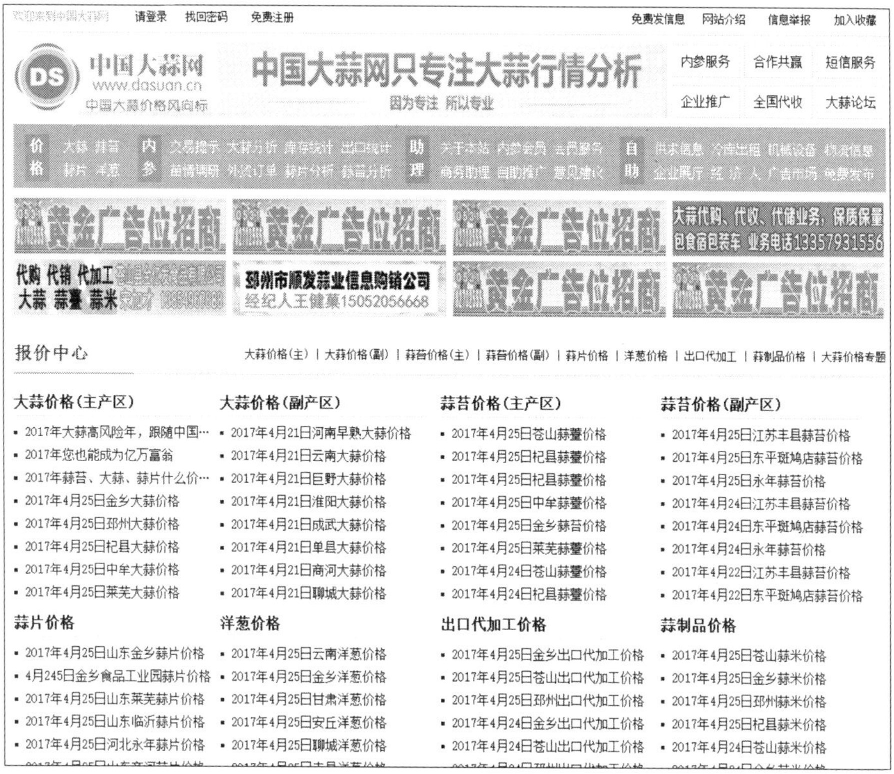

图 3-12　中国大蒜网

3. 中药材天地网

中药材天地网(http://www.zyctd.com/)是集中药材信息传播、药材产销搭桥、药材流通、咨询培训为一体的中药材专业服务的行业门户网站，如图 3-13 所示。中药材天地网信息科技有限公司总部设在成都，在全国各地拥有 13 家分公司，并在各大中药材市场、产(基)地建立了信息站点 500 余家。目前公司员工 450 余人，核心成员均为长期扎根中药材经营和中药材信息行业的资深人士以及擅长互联网和电子商务市场运作的 IT 精英。

网站致力于传承中华民族传统的中医中药民族文化，致力于推动中药材产业特色经济的发展，因此公司历来重视对行业的深刻认识和切身研究。通过长期的积累，目前已经建成了中国民间最大的“(珍稀)药材库”，收集中药材样品 5 000 余种，拍摄药用植物图片 5 000 余幅，采集制作了 6 000 余份中草药蜡叶标本；在中药材信息积累方面，收集了 1990 年至今 18 年的 1 000 余种中药材价格变化资料，累计文献资料 6 亿字，绘制了 1 000 余种中药材 18 年来的价格变化图。

中药材天地网
中国药材产业信息门户
首页
行情
价格
供求
品种
智库
数据
指数
更多
中国·千岛湖中药材交易市场
继续招商中
平台决定价值
选择大于努力
天地网智库矩阵
百位一线行业大咖齐聚
打造权威观点交互平台
中药材天地网
手机交易助手上线啦！
药材问答
一线直击：磐安药材产新临近 行情或全线回落
国医大师，中医官僚作派最后一块遮羞布?
免费发布求购，千万供应商联系您
药材名称
药材规格
采购量
产地
联系人
手机号码
0372

图 3-13　中药材天地网

第 4 章

养殖业电商

养殖业是农业的重要组成部分，也是与大众的生活联系最为密切的行业之一。目前存在诸多综合或垂直的电商平台。

本章主要对养殖业电商的相关角度进行分析和认识，从不同的角度进行深入理解，具体分别是业务流程、发展现状、发展问题、实际应用和案例学习等方面，使读者能够对养殖业电商有更深刻的认识。

4.1 养殖业的业务流程

4.1.1 养殖业及其特点

养殖业是利用畜禽等已经被人类驯化的动物，或者鹿、麝、狐、貂、水獭、鹌鹑等野生动物的生理机能，通过人工饲养、繁殖，使其将牧草和饲料等植物能转变为动物能，以取得肉、蛋、奶、羊毛、山羊绒、皮张、蚕丝和药材等畜产品的生产部门。它不但为纺织、油脂、食品、制药等工业提供原料，也为人民生活提供肉、乳、蛋、禽等丰富的食品，为农业提供役畜和粪肥。养殖业是人类与自然界进行物质交换的极重要环节，是农业的主要组成部分之一，它与种植业并列为农业生产的两大支柱。养殖业在经济发展的早期阶段，常常表现为农作物生产的副业，即所谓"后院养殖业"，随着经济的发展，逐渐在某些部门发展成为相对独立的产业，例如，蛋鸡业、肉鸡业、奶牛业、肉牛业、养猪业等。随着相对独立的养殖业产业的出现，又开始分化出一个强大的工业部门，这就是为养殖业及生产服务的各种养殖业投入工业，包括机器、设备、兽药、配合饲料等的生产，以及各种养殖业产品的加工业，如肉类加工业、奶品加工业等。因此，广义的养殖业还常常包括为其服务的农工联合企业，如各种畜禽公司、牧工商联合公司、配合饲料公司等。

养殖业的主要特点和要求是：①养殖业扩大再生产同各类畜禽内部的公畜、母畜、仔畜、幼畜的比例有十分密切的关系。因此，保持合理的畜群结构，对加快养殖业的发展十分重要。②饲料是养殖业的基础，只有不断解决好饲料问题，才能加快养殖业发展。③养殖业的商品性很高，而产品又不便于运输而且易于腐坏，因此，要求收购、加工、储藏、运输等方面密切配合。④养殖业对于自然条件和经济条件有较大的适应性，既可以放牧，又可以舍饲。由于存在这些特点和要求，因此，发展养殖业必须根据各地的自然经济条件，因地制宜，发挥优势。

4.1.2 养殖业业务流程

养殖业的起点是饲料供应，依次经过养殖→屠宰初加工→储运销售等环节，最终以消费为终点（见图 4-1）。饲料，是所有人类饲养动物的食物总称，狭义指农业或牧业饲养的动物的食物。饲料包括大豆、豆粕、玉米、鱼粉、氨基酸、杂粕、添加剂、乳清粉、油脂、肉骨粉、谷物、甜高粱等十余个品种的饲料原料。饲养标准是根据畜牧业生产实践中积累的经验，结合物质能量代谢试验和饲养试验，科学地规定出不同种类、性别、年龄、生理状态、生产目的与水平的家畜，每天每头应给予的能量和各种营养物质的数量。这种为畜禽规定的数量，称作饲料标准或营养需要量。由于饲养标准是通过科学试验和总结实践后提出的，所以它具有一定的科学性，是实行科学养畜的重要依据。目前，我国登记注册的饲料企业约 13 000 家，饲料行业市场良莠不齐，混乱不一。企业及产品定位模糊，产业短链发展，缺乏长期发展战略，且易变，执行不到位。产品品类复杂，单产品销量低，制造性浪费严重，规模不经济，服务客户结构简单。以产品为导向，通过控制成本实现企业发展，研发与服务等环节较为薄弱。多数企业设备简单，管理粗放，产品质量不稳定导致品牌忠诚度降低，无形中加大了客户开发与维护成本。普遍缺乏市场化运作机制，仍处于简单推销阶段，以价格和促销为主要营销手段；营销人员营销专业性程度低，数量偏多而质量偏低。“三无”现象突出，无优势产品系列，无差异化营销策略，无专业化的服务体系。随着饲料行业竞争的不断加剧，大型饲料企业间并购整合与资本运作日趋频繁，国内优秀的饲料生产企业越来越重视对行业市场的研究，特别是对企业发展环境和客户需求趋势变化的深入研究。正因为如此，一大批国内优秀的饲料品牌迅速崛起。随着人民生活水平的提高，城镇化进程加快，动物性产品需求仍呈刚性增长，饲料工业还有较大市场潜力；随着养殖业生产方式加快转变，尤其是标准化规模养殖加速发展，饲料工业对养殖业的支撑地位将更加突出，产业拓展的空间也更为广阔。与此同时，未来五年饲料工业面临的挑战将更加严峻，新的矛盾和问题也更加突出，保持全面均衡持续发展的难度会越来越大，因此，对饲料工业发展就提出了更高的要求。猪是我国最早饲养的家畜之一，也是我国消费者食用最多的肉食品之一，养猪业在养殖业中具有很强的代表性，因此本节以养猪业业务流程作为养殖业供应链流程的代表，如图 4-1 所示。

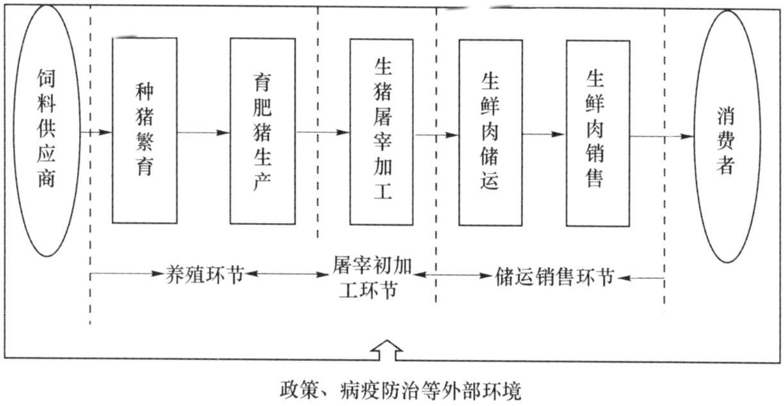

图 4-1　养殖业供应链流程

4.2 养殖业电商的发展现状

目前农业电商化已成为主流，作为农业的重要组成部分，畜牧养殖行业也不例外。在农业电商中，养殖业所占据的地位十分重要。

在养殖对象上，电商模式与传统模式没有区别，主要是牛、羊、鱼、鸡等。

4.2.1 养殖业的发展现状

养殖业和种植业并列为农业生产的两大支柱，不同的是种植业提供的是植物性农产品，而养殖业提供的是动物性农产品。

养殖业是以饲养家畜家禽或野生经济动物，从而获得相关产品的农业生产部门。养殖业在经济发展的早期阶段，常常表现为农作物生产的副业。传统养殖业包括的种类很多，具体如图 4-2 所示。

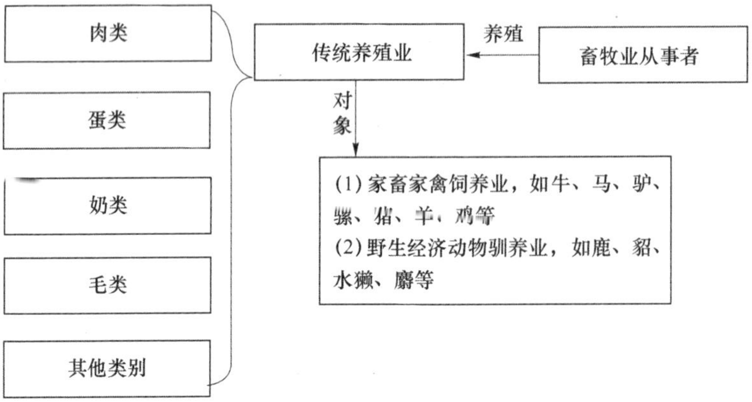

图 4-2 传统养殖业种类

在国内，养殖业的作用十分重要，它不仅为纺织、油脂、食品、制药等工业提供原料，也为人类的生活提供肉、乳、蛋、禽等丰富的食品，为农业生产提供役畜和粪肥等。

养殖业是人类与自然界进行物质交换的重要环节，在养殖对象上改变较少，但随着当代社会生产力的发展，养殖业的相关技术和环境随之不断进步，主要体现在以下 5 个方面：由副业转为主业；特种养殖业出现；农工的联合企业；产品总产量增加；产品的品质改善。

4.2.2　农业养殖业的规模

自 20 世纪 80 年代以来，我国养殖业的相关数据增长速度远超世界平均水平，但是整体而言，我国养殖业的人均产量或产值仍低于世界平均水平。

接下来从两个方面对养殖业的规模进行认识，如图 4-3 所示。

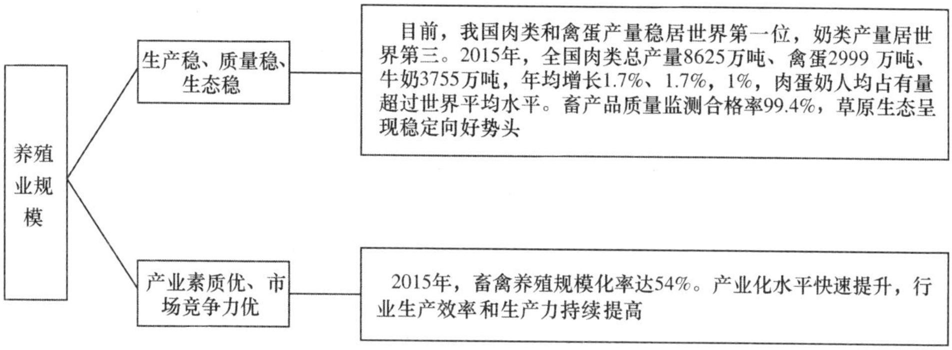

图 4-3　养殖业规模情况

4.2.3　养殖业电商的发展

对于养殖业的电商发展而言，表现最为明显的就是在产品销售方面突破了传统的养殖业模式。以养猪为例，通过电子商务，在网上进行生猪生产、销售的电子信息发布，并完成生猪购买、销售和电子支付。需要注意的是，国家对于养殖业的补贴较多，地方政府会建立电子交易平台，用于带动地方农业的整体发展。

养殖业电商在养殖业的发展过程中对于相关的方面都有促进作用，主要体现在以下几个方面，如图 4-4 所示。

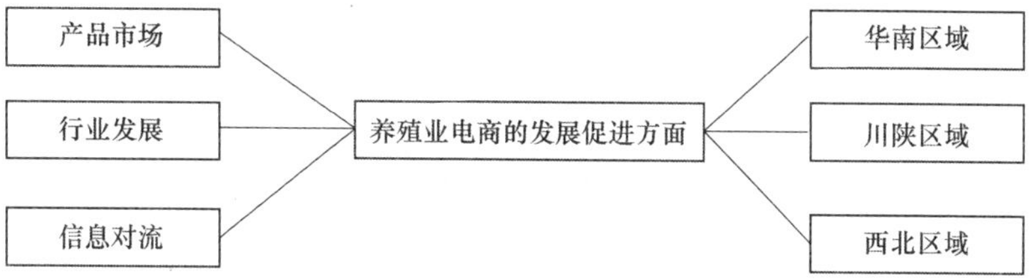

图 4-4　养殖业电商发展的促进方面

目前养殖业电商综合化的平台较少，主要是以县级平台的模式存在。大多数面向全国的养殖业电商平台都是垂直类平台，以常见的养殖动物平台为主，同一种动物的同类型电商平台在国内就可能存在很多，相互之间共同竞争。

在诸多的垂直类电商平台中，与猪相关的电商平台是最多的，这也是因为国内的养猪场相对较多的缘故。如图 4-5 所示，为猪易商城的主页。

图 4-5　猪易商城

4.2.4　养殖业电商的市场

随着电商的发展，目前的养殖行业纷纷尝试与互联网挂钩，其产业经营开始向电商转型或探索。养殖业电商的市场在未来是十分广阔的，但是在目前的发展环境下，因为不同领域的转型和改变程度的不同，尚未形成统一的电商市场。

在养殖业内部，不同的环节造就的行业在发展电商时模式并不相同。比如，种猪、饲料、设备器械、兽药 4 个行业，相互之间的差别很大，有些行业在电商模式上较为成熟，比如，设备器械等，但是有些仅处于最基本的初级阶段。

设备器械是养殖业中最容易与电商模式相结合的，几乎在所有的养殖业电商平台上都有设备器械类。如图 4-6 所示，为阿里 1688 采购网的设备专区。

随着养殖业的发展，未来形成完整的电商模式是必经之路。养殖业电商的市场也会随之扩大，与种植业产品类似，养殖业产品也会通过类似的途径进入千家万户。

图 4-6　1688 采购网

4.2.5　混乱化转变科学化

与欧美等发达国家的养殖业相比，国内的科学化养殖发展还处于起步阶段，尽管国家大力提倡和支持科学化养殖，但从整体而言还较为混乱和原始，主要体现在以下几个方面，如图 4-7 所示。

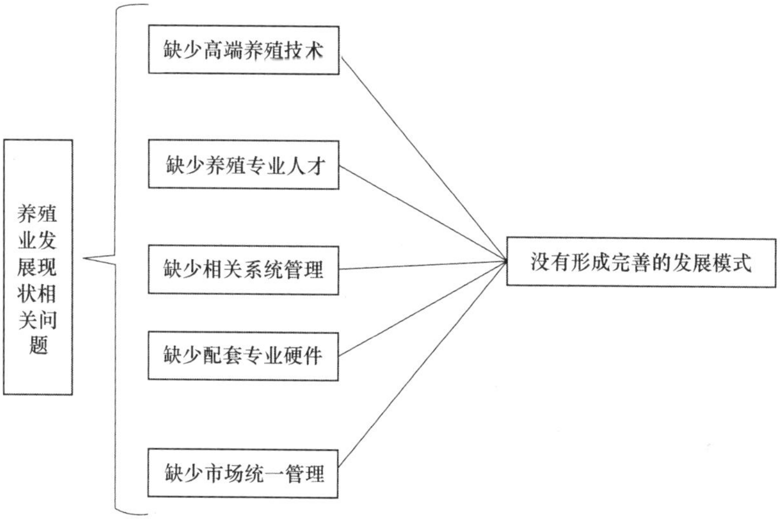

图 4-7　养殖业发展现状分析

在国内的养殖业领域，从业人员比较杂乱，低水平的散养户占据着养殖业的主要市场，同时导致的污染严重、肉食品安全问题等较为突出。养殖与环境、社会之间的矛盾凸显。所以对于中国养殖业而言，科学养殖、保证可持续发展是十分必要的。

科学化养殖的相关内容和意义如图 4-8 所示。

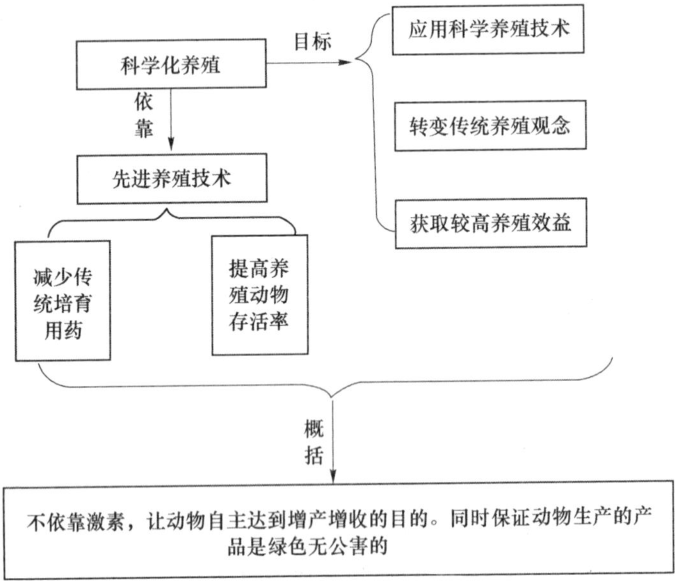

图 4-8　科学化养殖的相关内容和意义

4.3　养殖业电商的发展问题

养殖业电商发展的问题既有与农业电商相关的问题，也有与养殖业本身电商相关的问题，本节主要介绍以下几个方面的问题：小企业的电商成本；大企业的电商转型；电商的综合化竞争；平台公信力认可度；高质量产品覆盖面；对后期服务进行跟踪。

4.3.1　小企业的电商成本

小企业主要是指养殖业领域的各类垂直型企业中规模较小的企业。随着电商在所有行业的渗透，诸多的小企业也跃跃欲试，纷纷发力电商模式。

需要注意的是，在目前的发展环境下，并不是小企业就一定需要进行电商转化，以饲料企业为例，目前国内有近 1 万家饲料企业，其中大部分饲料企业都是在线下进行区域化运作，对于互联网的需求度没有预期中那么高。

如果要进行电商模式运作，小企业的成本及效果需要考虑到以下几个方面的内容，如图 4-9 所示。

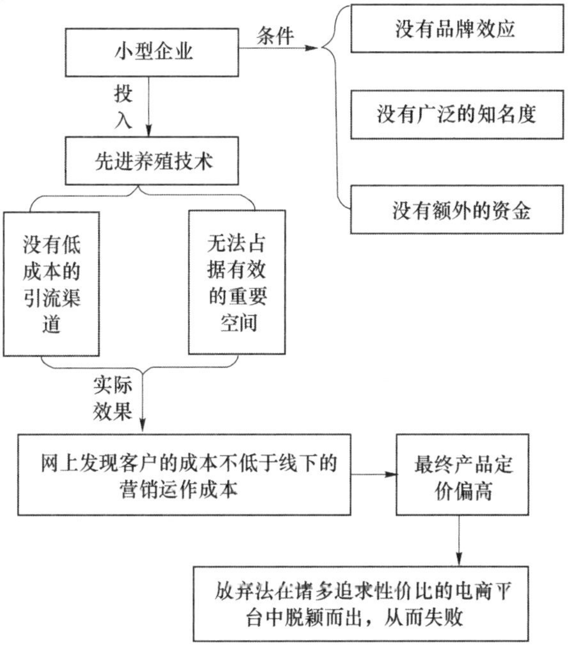

图 4-9　小企业电商模式运作

4.3.2　大企业的电商转型

大企业是与小企业相对的，主要是指养殖业领域的各类垂直型企业中规模较大的企业，或者是综合类的企业。随着电商的发展，几乎所有的大企业都在探索电商转型的细节并逐步进行尝试。

以粮农领域的龙头企业鲁花公司为例，其对电商模式的运用主要是将互联网思维植入到企业运营中来，用于加强网络营销。如图 4-10 所示，为鲁花公司网站的电子采购平台。

图 4-10　鲁花公司网站电子采购平台

大企业的电商转型主要是通过网络渠道更好地与客户沟通和对话，提高产品性价比，降低业务员数量，提高单个业务员的业绩，加快产品的迭代与创新。在表现形式上，以自建电商平台模式为主。

4.3.3　电商的综合化竞争

随着电商平台的林立，竞争不再仅局限于某一方面，而是形成一种综合化的竞争。电商提供的所有内容都可以被大众进行选择、评价和定位等。

在竞争中最重要的一个方面就是口碑的产生和传播，比如，淘宝网的好评对于后来的消费者的心理影响效果是显著的。在养殖业电商领域，行业性的论坛和贴吧等是口碑传播的重要平台，也是引导人流进入电商的重要途径，对于提高电商的综合化竞争能力效果明显。

在互联网时代，电商平台的综合化竞争不一定是规模小的企业就必然失败。但是无论是小企业还是品牌企业，都要在实际的运作中打造特色，善于利用营销系统，促进电商平台的综合化竞争能力。

4.3.4 平台公信力认可度

平台的公信力一般由企业原本的品牌效应打造而成，如果是新创企业，在初期发展中的公信力认可度是很低的，需要长时间的发展才能够逐步推动平台发展，进而在受众群体中打造认可度。

平台的公信力认可度对平台的发展非常重要。以猪 e 网为例，在行业内，这个综合信息提供品牌已经深得大众的信任，也就让更多用户敢于下单尝试。如图 4-11 所示，即为猪 e 网主页的相关信息。

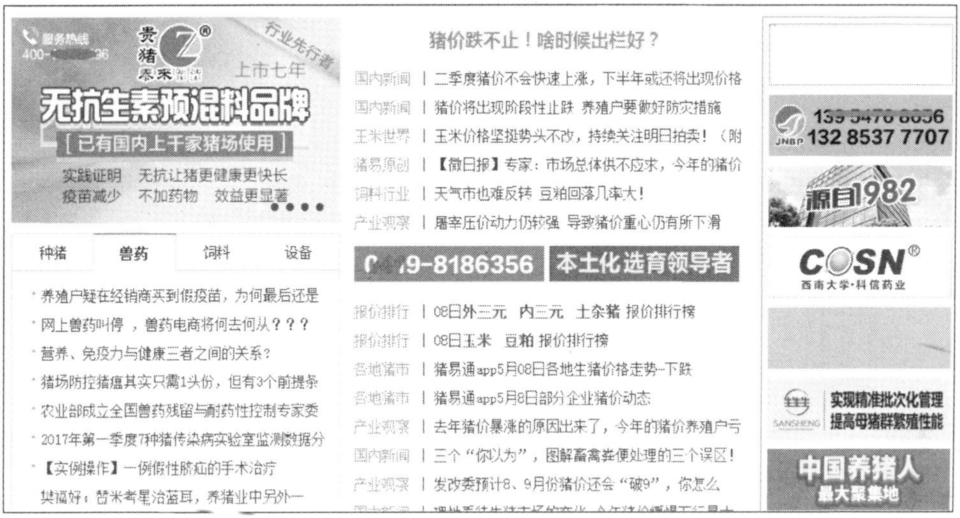

图 4-11 猪 e 网主页信息

大企业的平台往往具有较高可信度，而垂直领域的小企业开展电商业务，交易支付环节的信任通常是最大的问题。那么如何让用户相信平台，就是个迫切需要解决的问题。

4.3.5 高质量产品覆盖面

对于养殖业电商而言，产品是核心内容，没有高质量的产品就没有可持续发展的潜力。电商平台提供的产品涉及养殖业生产的各个方面，重要部分如图 4-12 所示。

如图 4-13 所示为某电商平台上的饲料产品销售界面。

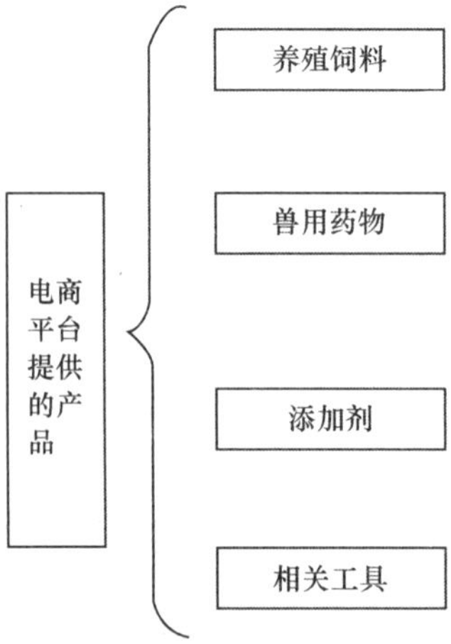

图 4-12　电商平台提供的产品

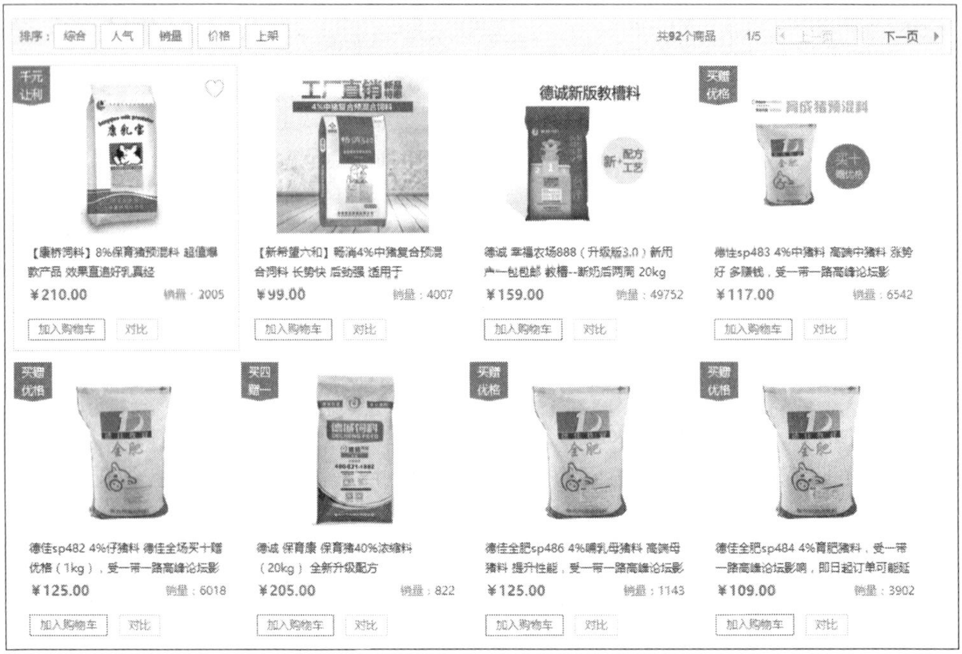

图 4-13　某电商平台上的饲料产品销售界面

产品的覆盖面主要由平台在行业内的实际影响力决定。高质量产品覆盖面广泛，同时产品品质过硬，就会形成网络口碑，这是电商的关键所在。

4.3.6　对后期服务进行跟踪

要让消费者信任电商平台，建立良好的反馈机制就是十分必要的。这也是进一步打造品牌效应的一个环节。下面以猪易商城为例，建立专门用于后期服务反馈和跟踪的论坛，如图 4-14 所示。

图 4-14　猪易商城

后期服务对于养殖业电商的发展而言很重要，也是消费者十分关注的问题。养殖业比种植业的投入要高很多，一般情况下，养殖业采购的产品需要巨额的资金，同时产品的服务质量和实际质量等对于养殖者而言至关重要。

4.4　养殖业电商的实际应用

养殖业电商是应用于实际的产品销售的，直接面对养殖者或产品的终端消费者，所以从实际应用出发，对具体的相关内容进行介绍就变得十分重要。下面主要从两个方面进行分析：养殖业电商的流程；平台网络推广模式。

4.4.1　养殖业电商的流程

在实际的业务流程方面，养殖业农产品与种植业农产品电子商务的流程基本一致。

养殖业电商的流程是养殖业的传统消费流程与电商模式的结合，与之相关的具体分析如图 4-15 所示。

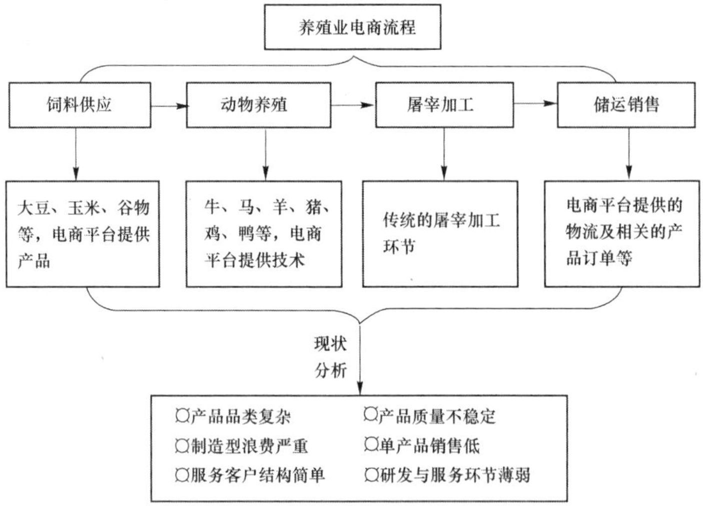

图 4-15　养殖业电商流程

4.4.2　平台网络推广模式

电商平台的网络推广是决定平台生死的重要环节，同时也是平台投入精力和资金较多的方面，目前的推广具体包括以下几个方面的内容。

(1) 信息发布：在网络上发布信息是网络营销最简单的方式，有很多平台都能够为企业提供供求信息发布的机会，并且免费。

(2) 搜索引擎：向通用的搜索引擎提交网站信息，并通过付费的方式获得最为理想的排名，从而进行推广。

(3) 互惠链接：指的是存在互补优势的网站之间进行简单的合作，使用户能够从此网站直接进入到彼网站的方式。

(4) 网络广告：在所有与品牌推广有关的网络营销手段中，网络广告的作用是最直接的，同时也可以提供互惠的广告方式，创造双赢。

(5) 会员制度：会员制营销是拓展网上营销渠道的一种有效方式，除了对网上销售具有直接促进作用外，还具有良好的广告效果。

(6) 推广奖励：越来越多的平台采用推广奖励，也就是用户向朋友推广，自己能够获得相关奖励，其中最为典型的就是借贷宝。

4.5　养殖业电商发展的未来

国家对于市场的补贴支持政策，在养殖业中体现最为明显的就是能繁母猪养殖的补贴。

政府对养殖业的补助费率为 25%～35%。有国家政策的基本导向及电商模式发展的成熟度，未来的养殖业电商发展必然是光明的，但是在前进的过程中，也会有一定数量的平台在竞争中倒下。

另外，随着国内农产品市场与国际市场的接轨，对养殖业的标准化及技术化要求会更加严格。电子商务在打开市场之门的同时，也带来了更大的压力。

4.5.1　产品的市场全国化

产品的市场全国化，是最可见的未来发展趋势之一，同时也是未来构建全球化市场的重要环节。

市场化主要有两个含义，具体分析如图 4-16 所示。

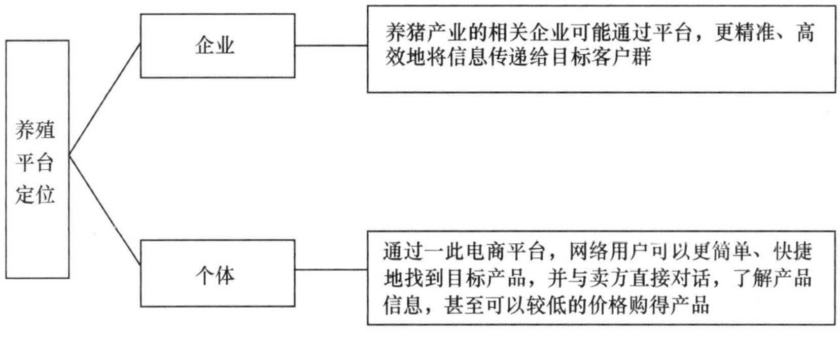

图 4-16　养殖平台市场化定位的含义

电商模式最主要的作用之一就是节省环节，促进效率，所以随着电商模式的应用，在未来的发展中，养殖业电商必然会逐渐形成一个整体，构建成一个全国化的大市场，以最高的效率进行商品运作和信息交互。

4.5.2　平台的未来垂直化

在养殖业领域，平台的垂直化早就成为一种趋势，并将在未来的垂直化发展中得到进一步加强。

对于小资本的产业企业而言，建立垂直化的平台几乎是未来有一定野心企业的必走之路。垂直领域的优势在于专注和专业，能够提供更加符合特定人群的消费产品，满足某一领域用户的特定习惯。因此更容易取得用户信任，从而加深对产品的印象和口碑传播，形成品牌和独特的平台价值。

在养殖业领域，未来的垂直化发展主要体现在以下 3 个方面。

(1) 原有产品类：目前平台最多的是养猪类的网站，但是随着电商的发展，在原有产品类中会出现更为细分的垂直平台，已获得发展空间。

(2) 新添产品类：未来的垂直领域会出现诸如兔子、鸽子等目前并没有垂直化的平台，这也是需求发展的必然。

(3) 区域产品类：根据地理条件而形成垂直化平台，会是未来的主流趋势，也是地方政府支持的结果。

4.5.3 养殖业的企业巨头

一般认为，电子商务在未来的发展中主要有十大趋势，其关键词分别是：移动化、平台化、三四线城市、物联网、社交、O2O、云服务、大数据、精准化营销、个性化服务及互联网金融。

从电商模式的趋势可以看出，未来的行业需要企业巨头才能够进行统筹管理，发挥示范作用。

平台之间抱团取暖，利用平台吸引更多用户，充分挖掘用户价值，让用户消费行为与商户更有利地结合，是未来的主流趋势。在养殖业中，猪 e 网构建了综合的信息平台，打造了用于互动的交流论坛，上线了专业的电商交易平台，这只是一个企业巨头发展的初级阶段，在品牌形成之后，其将形成一个整体，最终进入良性发展中。

4.6 案例：养殖业电商平台

4.6.1 养殖业电商平台推介

1. 中国畜牧网

中国畜牧网 (http://www.chinafarming.com)，简称中畜网，是国内领先的畜牧行业门户网站之一。中畜网通过门户网站中国畜牧网、移动门户中畜网(m.chinafarming.com)、微信公众平台中畜网(微信号：chinafarming)、手机 APP 中畜网组成的“互联网+”平台，为畜牧、饲料、兽药、兽医相关企业事业单位、养殖合作社及养殖户提供畜牧行业资讯、电子商务、企业招商和活动举办、“互联网＋”平台开发等服务。

中畜网信息服务涵盖猪、牛、羊、家禽、特种养殖、饲料、添加剂、兽药等主要畜牧品种，全年信息 10 万条以上，开设行业资讯、行业报告、价格行情、港口数据、国际动态、产量报告、进出口数据、农业气象、行业标准、政策法规、行业展会、企业动态、企业数据库、产品数据库、供求信息、招商合作十六个栏目，内容涉及资讯、统计、分析、预测、标准、商务等相关领域。

中畜网用户遍布全国各地，浏览者均为畜牧行业相关人士，保证广告在浏览者心目中留下深刻印象，与传统的电视、报刊、户外广告等媒介相比，性价比高，针对性强，使客户以小投入获得大效益。如图 4-17 所示，为中国畜牧网网站首页信息。

图 4-17　中国畜牧网站首页

2. 中国养猪网

中国养猪网（http://www.zhuwang.cc/）创建于 2009 年，是国内养猪行业最具权威性的垂直型门户网站，也是业内第二家通过国家工业信息化部批准具备增值电信业务经营许可证资质的正规网站。

中国养猪网意在为中国养猪企业及养猪户提供一站式养猪应用型服务平台。

中国养猪网通过市场分析，针对市场规模、市场现状及目标客户的不同需求研发我们网站的服务项目。结合“互联网＋移动应用＋物联网”等信息技术更好地契合各企业与生猪养殖户的沟通和合作。转变传统养猪行业的生产、交易和宣传模式，打造行业互联网应用平台，推动传统养猪业更快更好地发展。如图 4-18 所示，为中国养猪网网站首页信息。

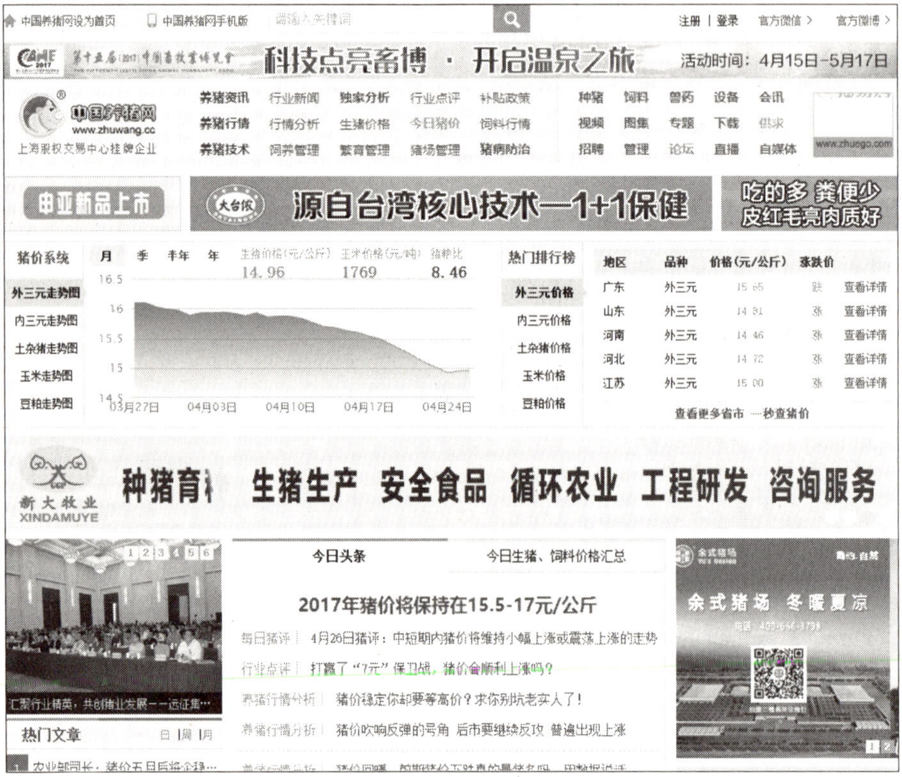

图 4-18　中国养猪网网站首页

3. 中国养殖网

中国养殖网(http://www.chinabreed.com/)，以“畜牧行业全方位解决方案提供者”为定位，以向网络时代的新型养殖企业和养殖客户提供先进的发展理念和能让其增产增收的“科学技术、行业信息、经营方法”为己任，经过 16 年的发展，现已成为国内流量大、知名度高的畜牧养殖类综合服务网站。中国养殖网巨大的综合优势得到国内广大农牧企业的认可，业内众多的知名企业已经成为中国养殖网的内容建设、线下活动和品牌推广合作伙伴，如双胞胎集团、河南牧鹤集团、通威集团、安佑集团、大连三仪集团、六和集团、中牧股份、河北福原集团、山东海能集团、四川铁骑力士集团、华北制药集团、北京华都峪口禽业、江苏正昌集团、福建招宝集团、河南天宇、河北裕丰京安集团、上海申德机械、江苏长寿种猪、福建思嘉集团、青岛大牧人、河北征宇集团、杭州艾杰斯、河南盛世联邦集团等实力派企业已纷纷加入网站，以期共同开创中国畜牧养殖的新局面。如图 4-19 所示为中国养殖网网站首页信息。

图 4-19　中国养殖网网站首页

第 5 章

农产品加工业电商

农产品加工业位于产业链的中间环节，随着技术的发展，目前农产品加工已经逐渐从初级产品加工转为工业品生产。

本章主要对农产品加工业电商的相关方面进行分析和认识，从不同的方面进行深入理解，具体分为业务流程、发展现状、发展问题、实际应用、未来的发展和案例学习几个方面，使读者能够对农产品加工业电商有更深刻的认识。

5.1　农产品加工业的业务流程

5.1.1　农产品加工业及其特点

农产品加工业是以人工种养或野生动植物资源为原料进行工业生产活动的总和。广义的农产品加工业是指以农、林、牧、渔产品及其加工品为原料所进行的工业生产活动，狭义的农产品加工业是指以人工生产的农业物料和野生动植物资源及其加工品为原料所进行的工业生产活动。农产品加工业对于促进农业生产发展和提高农业生产效益具有重要意义。我国农产品加工的发展应当拓宽农产品开发利用的途径，加强果蔬储藏与保鲜加工技术研究及功能食品的研究与开发，提高农产品加工装备和现代高新技术应用水平，加强农产品加工业的行业管理。农产品加工包括简单加工（如给农产品进行简单包装）和深加工（如将水果加工成果汁）。我国在统计上与农产品加工业有关的行业有 12 个，分别是食品加工业、食品制造业、饮料制造业、烟草加工业、纺织业、服装及其他纤维制品制造业、皮革毛皮羽绒及其制品业、木材加工及竹藤棕草制品业、家具制造业、造纸及纸制品业、印刷业记录媒介的复制和橡胶制品业。农产品加工技术创新发展趋势：高新技术广泛应用于农产品加工各个环节；精深加工能力越来越强，资源利用越来越综合；加工新产品向安全、绿色、休闲方向发展；加工设备向新型、高效、节能、环保方向发展；加工原料专用化；重视加工过程的质量管理。

5.1.2　农产品加工业业务流程

农产品初加工是指对农产品进行一次性且不改变其内在成分的加工，即对收获的各种农新产品（包括纺织纤维原料）进行去籽、净化、分类、晒干、剥皮、沤软或大批包装以提供初级市场的服务活动，以及其他农新产品的初加工活动（见图 5-1）。具体包括轧棉花、羊毛去杂质、其他类似的纤维初加工等活动；以及其他与农新产品收货有关的初加工服务活动，包括对农新产品的净化、修整、晒干、剥皮、冷却或批量包装的加工处理等。以茶业为例，对其进行初加工就是对茶树上采摘下来的鲜叶和嫩芽进行杀青揉捻、发酵、烘干、分级、包装等简单的加工处理。

农产品深加工是指对农产品进行深度加工以体现其效益最大化的生产环节，与“农产品初加工”概念相对应。以茶叶深加工为例，深加工茶就是用茶的鲜叶、成品茶叶为原料，或是用茶叶、茶厂的废次品、下脚料为原料，利用相应的加工技术和手段生产出茶制品。茶制品可能是以茶为主体的，也可能是以其他物质为主体的。

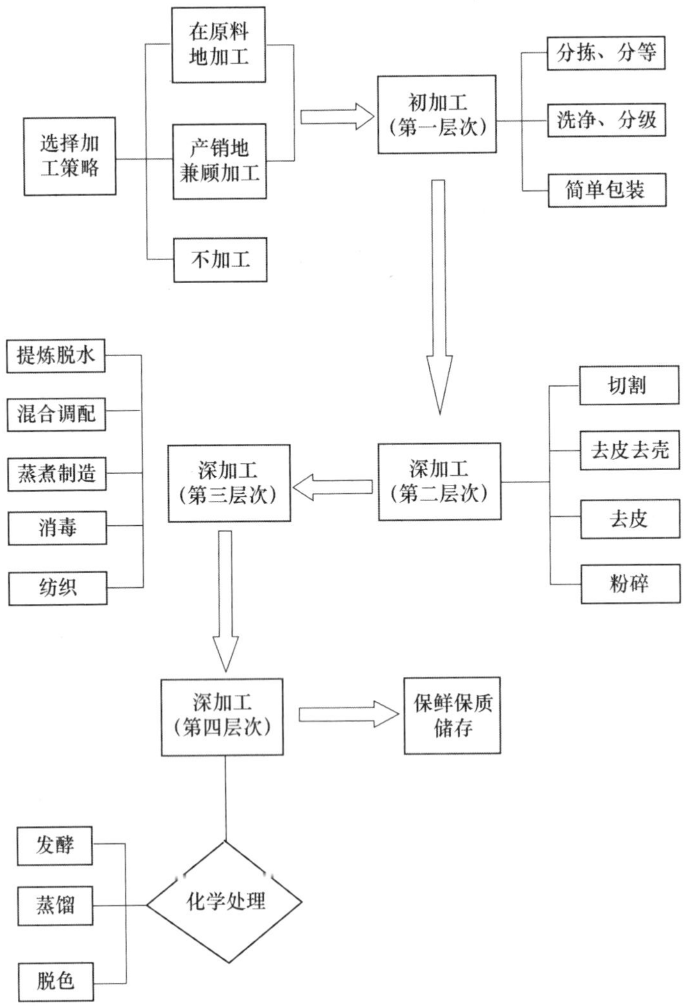

图 5-1　农产品加工业业务流程图

农产品深加工对于我国农业意义重大，仍以茶叶深加工为例，其一，可以充分利用茶叶资源；其二，可以丰富市场产品；其三，可以开辟新的功能。

5.2　农产品加工业电商的发展现状

农业电商业务伴随着我国互联网行业一同发展壮大，目前仍处于快速发展阶段，前景十分广阔。其中，农产品加工业也是农业的重要组成环节，电商模式的应用十分广泛。

常见的农产品加工模式有很多种，要求的技术程度也各有不同，如图 5-2 所示，即为葡萄的初加工。

图 5-2 葡萄的初加工

5.2.1 农产品加工业的传统发展

农产品加工业的对象是养殖业和种植业等行业的产品，行业属于产品的中间环节，而不是产品的直接提供环节。

农产品加工业的含义有广义和狭义之分，具体的相关分析如下：

(1) 广义的农产品加工业是指，以农、林、牧、渔产品及其加工品为原料所进行的工业生产活动。

(2) 狭义的农产品加工业是指，以人工生产的农业物料和野生动植物资源及其加工品为原料所进行的工业生产活动。

农产品加工业是放大产品价值的必要环节，随着科学技术的发展，农产品的加工逐渐从简单加工阶段进入深加工阶段。与传统的加工业相关，现代加工业的进步主要体现在多个方面，具体内容如下：高新技术广泛应用；资源利用更为综合；安全绿色休闲发展；新型高效节能发展；加工原料较专业化。

5.2.2 农产品加工业的现状规模

与养殖业和种植业类似，农产品加工业在目前的环境下，同样是机遇与挑战并存。目前，国内农产品加工在整体上仍处于初加工多、水平低、规模小、综合利用差和耗能高的初级阶段。其中，技术及装备水平低是其最主要的原因。

就整个行业而言，现状分析主要有以下几个方面：

(1) 追求数量。产期以追求数量为第一目标，忽视农产品加工业的持续发展，造成产业结构的严重失调和经济结构的不合理。

(2) 创新力低。技术创新能力较低，科技储备，特别是基础性的技术储备严重缺乏。

(3) 设备落后。农产品加工企业的设备与国外相比仍存在较大差距，主要原因是机械行业的整体水平偏低。

(4) 产品质量。随着社会的发展，大众对基本农产品的直接消费趋于下降，对农产品的优质化和品种的多样化需求增加，导致农产品加工能力低与人们日益丰富的消费需求之间的矛盾日益突出。

农产品加工业在国内的影响力十分广泛，目前是国家的重要支柱产业和民生产业。在规模上，农产品加工业固定资产投资增速，高于全社会固定资产投资和规模工业固定资产投资增速，其中有一些骨干级别的农产品加工企业崛起。

根据国家统计数据，国内年销售收入过百亿元的农产品加工企业已超过50家。同时，全国农产品加工业年从业人数保持在2500万人以上，在此基础上，保持了一定的年均增长就业率。

5.2.3 农产品加工业电商的发展

电商发展的大势不可避免，其在农产品加工业领域的作用和影响非常广泛，具体的分析如图5-3所示。

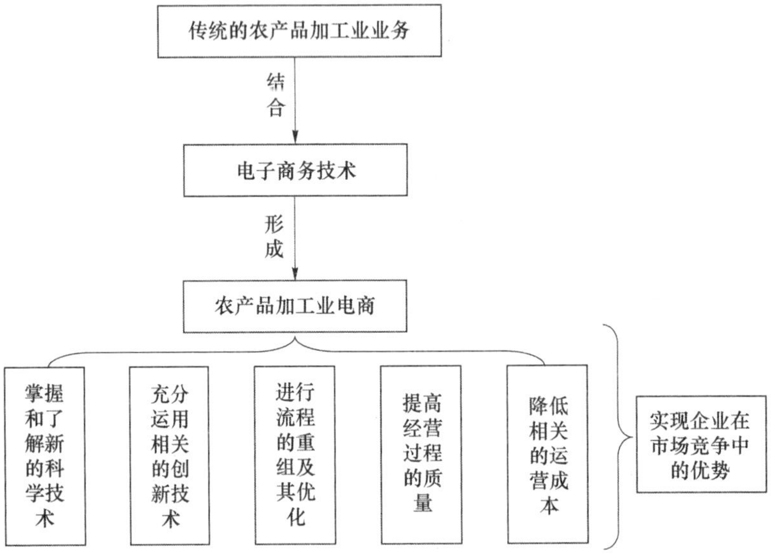

图5-3 农产品加工业电商发展路径

随着电商的发展和经营者理念的转变，促使行业的融合发展程度加深。越来越多的农产品加工业重视创新能力建设，采取优质的农产品基地建设、科研开发、生产加工、营销服务一体化经营模式。

在电商的实际应用和发展中，农产品的网络销售模式影响力最为广泛，其引发了行业内外的电商平台竞相抢占市场。传统供应链与互联网融合，降低了中间成本，扩大了市场半径，提高了整体的经济效益。

5.2.4　农产品加工业电商的市场

农产品加工业电商的市场与消费者的需求同产品提供行业的发展是密不可分的。随着外部环境的发展，目前的农产品加工业电商市场处于快速发展阶段。

需要注意的是，农产品作为特殊的产品，其生产和相关的加工受到诸多因素的影响，而这些特殊性加大了其在特征和质量方面的度量标准与制定的难度。因为目前国内没有提出完善的产品加工标准制度，所以整体而言市场并不规范。

在未来的发展中，为消费者提供可靠安全的商品是第一目标，市场发展也会随着市场的规范化而日趋完善。从事农产品加工业的电商企业往往也通过自建平台或其他综合平台进行销售活动，如图 5-4 所示，即为农村淘宝网上的部分加工销售产品。

图 5-4　农村淘宝网上的部分加工销售产品

农产品加工业电商的市场发展在未来必然以企业为核心，构建的电商平台以宣传企业文化和品牌理念、关注企业动态为主要任务，注重产品宣传，通过平台的宣传作用，将浏览量转化为线下的合作和贸易契机。

5.3 农产品加工业电商的发展问题

农产品加工业电商发展的问题与上下游的情况密切相关，在目前的发展环境下，主要包括以下几个方面的问题：企业的规模相对偏小；技术水平整体上较弱；产业结构不合理问题；副产物利用水平较低；产业链延伸较为局限；信息化管理发展很难。

5.3.1 企业的规模相对偏小

在农产品加工业电商中，食用类农产品加工行业占据的比例较大，本节主要以食用类的农产品加工行业为例进行分析，具体内容如图 5-5 所示。

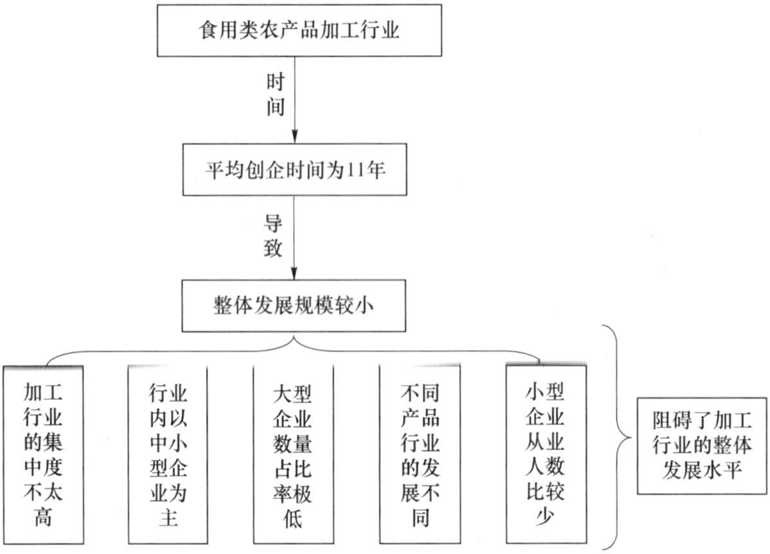

图 5-5 食用类农产品加工业规模情况

5.3.2 技术水平整体上较弱

国内的农业发展水平并不是很高，加工业作为重要的一个环节，其技术水平也处于较低的程度。在综合技术水平方面，多数企业的水平都不是很高。

据相关统计，国内在加工业方面技术水平较高的企业占国内企业的比例低于10%，与国际同行相比仍占优势地位的仅有4.4%。下面从3个角度具体分析目前在技术水平上存在的问题：

(1) 加工设备：关键生产设备是直接决定加工效果的，目前主要以国产装备为主，在效果上远低于原装进口品牌。

(2) 技术指导：聘请技术顾问是企业的主流方式，企业建立科研中心的比例相对较低。

(3) 合作效果：科研单位对企业发展起较大作用的比例较低，尽管未来的趋势如此，但目前的合作效果并不十分明显。

在技术水平方面，目前的主流趋势是科企合作模式，用于解决加工业电商发展在技术水平上的薄弱问题。对于科企合作，如何协调和处理好科研单位与企业之间的关系，在利益分配上做到平衡是着重需要解决的事情。

5.3.3 产业结构不合理问题

加工业的产业结构是随着环境的发展而不断调整的，但是目前国内主流的产业结构受传统模式的影响，在转型方面的作为并不突出。其与现代化互联网需求的冲突越来越大，主要体现在以下几个方面：低水平重复建设；产品同质化严重；初加工比例加大；成本上涨压力大。

为了更好地适应社会发展，企业主动加快产业结构的调整已是必然趋势。根据相关统计，不同情况的数据如图5-6所示。

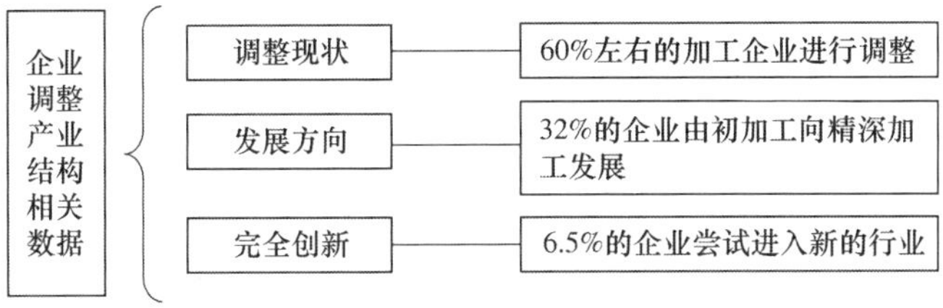

图5-6 企业调整产业结构相关数据

5.3.4 副产物利用水平较低

农产品的一个特别之处还在于产品加工过程中会产生副产物，副产物是指在生产主要产品过程中附带生产出的非主要产品。

在农产品加工，尤其是食用类企业加工过程中，2/3的食用类农产品加工企业都会产生加工副产物。在副产物的利用上，大部分企业并不十分重视，从而导致了严重的资源浪费。

在目前的利用情况下，主要是分行业进行，行业根据产品的开发价值来决定是否利用，具体分析如图5-7所示。

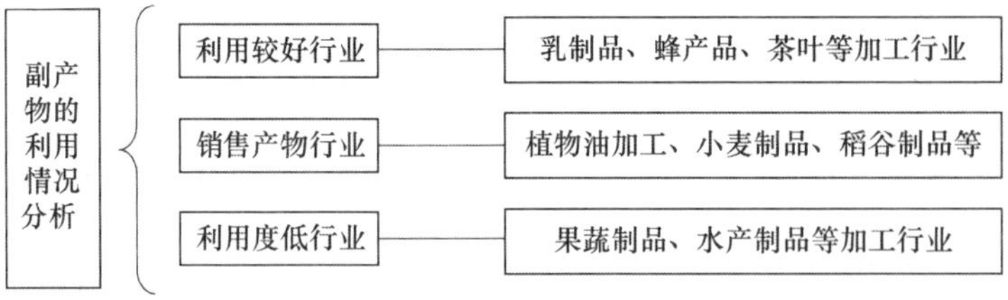

图 5-7　副产物的利用情况分析

5.3.5　产业链延伸较为局限

与其他行业的产业链相比，农产品加工业电商模式并没有形成较完善的行业发展需求，加快产业链延伸，促进一、二、三产业的融合发展已成为加工业电商发展的主要目标。

在具体的运作上，主要分为两个方面，分别是原料的供应能力和项目方面，相关分析如图 5-8 所示。

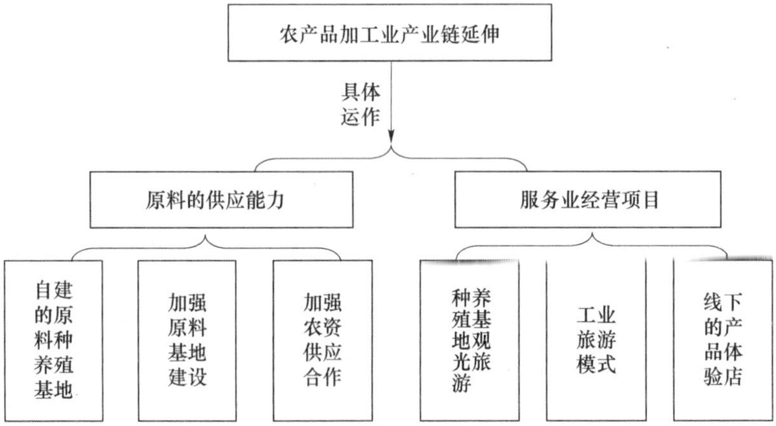

图 5-8　农产品加工业产业链延伸的具体运作

产业链的延伸是时代发展的必然，也是进一步扩大产业影响力的重要步骤。在未来的发展中，产业链的成熟将会促进农业电商市场一体化的进程，从而对农业构建完整的生态圈发挥重要作用。

5.3.6　信息化管理发展很难

互联网的发展带来了机遇，大部分企业都非常重视利用互联网开展销售业务，但是同步的管理却没有跟上。可见，企业信息化的管理水平很低是目前农产品加工业电商发展的问题之一。

目前 ERP 系统被认为是最有效的信息化管理系统，研究和出售 ERP 系统的公司有很多，如图 5-9 所示，即为在行业内较有影响力的金蝶公司，其出售的 ERP 系统在业内享有极高的知名度。

图 5-9　金蝶公司网站

ERP 系统也就是企业资源计划管理软件，是一种将制造行业的物质资源、资金资源和信息资源集于一体的企业信息管理系统。这个系统同样可以应用于农产品加工业电商企业，但目前农产品加工业电商企业中用 ERP 系统来经营管理企业的占比仅为 18.8%。

受限于资金或其他的条件，国内农产品加工业的企业在信息化管理发展方面比较困难，但是随着市场环境的进一步发展，企业的成熟度在提高的同时也会带动对信息化管理的追求。因此，未来信息化管理是企业的必然趋势。

5.4　农产品加工业电商的实际应用

农产品加工业对于促进农业生产发展和提高农业生产效益具有重要的意义，其在实际中的应用是直接体现价值的所在。所以对具体的相关内容有所认识很有必要，下面主要从两个方面进行分析，农产品加工业电商的流程；农产品加工业节点的定位。

5.4.1 农产品加工业电商的流程

农产品加工业电商的流程是传统农产品加工业与电商模式的结合，需要先对农产品加工业的基本流程有所认识，相关内容如图 5-10 所示。

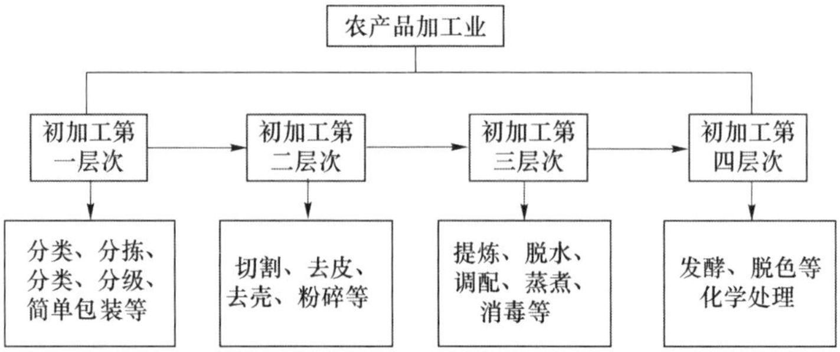

图 5-10 农产品加工业的基本流程

在实际的业务流程方面，农产品加工业涉及不同的加工层次，所以需要依据加工层次的不同来认识流程。简化各环节之间的烦琐步骤之后，相关方面如图 5-11 所示。

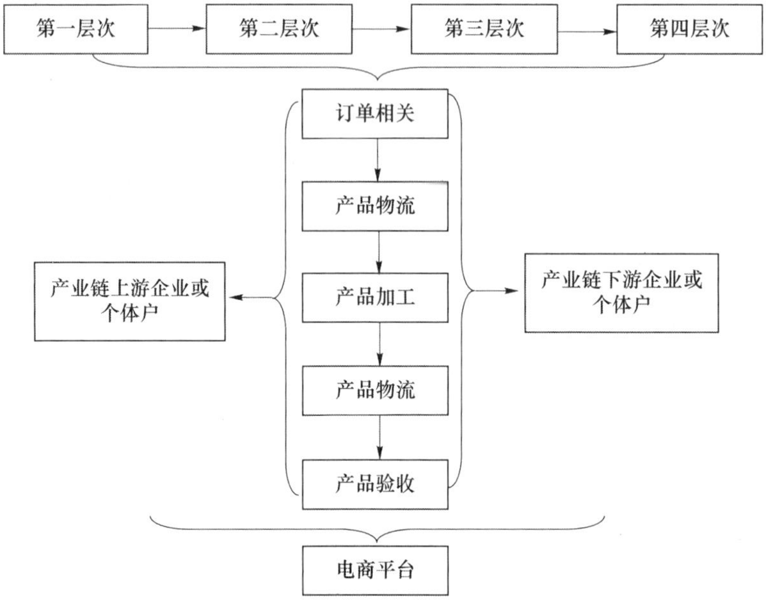

图 5-11 农产品加工业电商流程

5.4.2　农产品加工业节点的定位

农产品的加工业节点众多，如图 5-12 所示，即为农产品的深加工阶段，其是农产品加工业的重要节点之一。

图 5-12　农产品深加工

农产品加工业作为农业的重要组成部分，主要是以某类农产品为依托，以该产品生产为起点，依次经过农产品初加工、深加工、物流、销售，最终到达消费者。所有的环节都是一个节点，它们共同组成了加工业。

首先，对于做电商模式的企业而言，对自身处于某个节点的定位是比较重要的。因为农产品加工业处于农产品产业链的中间环节，大多数的节点都是属于既有供需，又有销售的位置，所以涉及交易的电商模式有一定的存在必要性。

其次，在具体的操作中，企业需要明确自身的上游节点和下游节点，也就是确定自身的供应商和用户，从而做到有的放矢，提高工作效率。

5.5　农产品加工业电商的发展未来

时代在发展，农产品加工业电商模式也不会停滞不前，更何况与国外发达国家相比，国内加工业处于初级发展阶段，未来需要改变的方面还有很多。

下面结合电商发展的趋势及加工业的独特性质，对国内加工业电商模式的未来发展进行相关分析，具体包括以下 3 个方面：城市产业群互联网化；行业转型后优胜劣汰；平台将以技术为核心。

5.5.1 城市产业群互联网化

无论是在电商产业链模式的哪个节点，一线城市的电子商务化往往是超越其他二、三线城市的。

当一线城市进入线上、线下全渠道模式时，二、三线城市才开始启动对于互联网商机的挖掘。但是随着电商模式的发展，二、三线城市的潜力同样十分巨大。

对于农产品加工业也是相同的，未来二、三线城市的加工业产业群也会逐渐与电商结合，不再依附于第三方渠道商，而是打造区域的电商平台，形成产业基地。以长沙区域为例，沁坤商城打造了社区服务概念，这是未来城市产业群互联网化的一个缩影，不同的只是范围更加广泛。

如图 5-13 所示，为电商平台春播网部分主页。

图 5-13　春播网主页

5.5.2 行业转型后优胜劣汰

行业转型后优胜劣汰效果出现的原因在于企业的优势相比于未转型之前更多，在电商模式下，主要有如下几个方面：

(1) 结合电商之后加快技术创新，促进产业升级，提高内部企业的竞争力，从而加大行业内部竞争强度。

(2) 企业市场迅速扩大,加工业上下游的联系更为紧密,相关的程序过程等更为简便快捷,节省时间,提高效率。

(3) 促进了原料基地的建设,提高了企业的融合发展,同时电商模式推广了副产物的综合利用,提高了产品的可信度。

与传统未转型的企业相比,转型企业在各个方面得到的资源更多,受众更广泛,持续发展的情况更明朗,从而在行业竞争内推动了优胜劣汰,并取得成功。

5.5.3　平台将以技术为核心

对于加工企业而言,技术将成为未来平台的主要卖点之一。初加工的模式会越来越少,并逐渐形成综合平台。但是深加工的电商平台会进一步加强技术优势,通过高技术水平获得用户的认可,从而在上下游产业链中稳保地位,获得更多利润。

对于加工业的企业而言,电商平台的发展同样符合其他平台发展的统一规律,具体内容如图 5-14 所示。

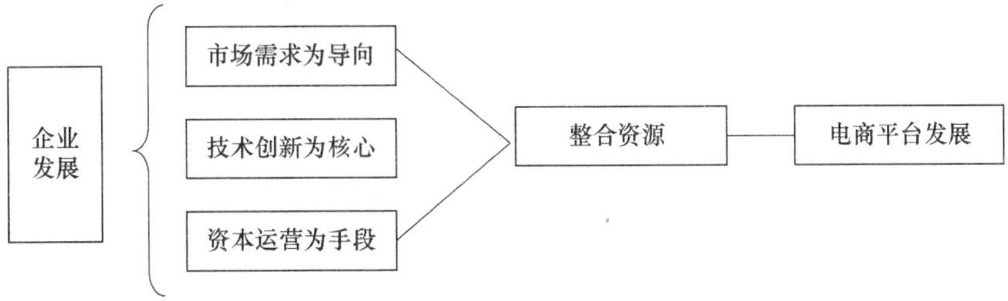

图 5-14　农产品加工业企业发展具体内容

5.6　案例:农产品加工业电商平台推介

5.6.1　农产品加工业电商平台推介

1. 农博网

农博网(http://www.aweb.com.cn)成立于 1999 年,是全国最大的农业门户网站。成立十多年来,农博网一直坚持以"服务农业、E 化农业"为己任,为广大用户提供农业资讯服务。如今,农博网已成功打造三大特色平台,具体内容如下。

(1) 农业资讯(http://news.aweb.com.cn, http://hangye.aweb.com.cn)

作为国内领先的农业在线媒体,农博网依托强大的采编力量和良好的媒体合作关系，及时、全面、准确报道最新行业动态，追踪行业热点，分析行业市场，为用户提供具有前瞻性、指导性的行业资讯服务。农博网下设要闻、行业、会展、专题、视频等精品频道，为用户提供迅速、便捷、有效的传播平台。

（2）报价中心(http://baojia.aweb.com.cn)

为保证信息的数量、质量和权威性，农博网建立了庞大的专业信息采集网络，成员遍及全国20多个省、市、自治区和直辖市。庞大的数据来源、专业的分析师团队、科学的分析模型，将为用户提供专业、准确的价格信息和市场分析，为产业的健康发展提供数据支持。率先上线的中国生猪报价中心已成为养猪行业的市场风向标，为养猪户提供了价格数据支撑。

（3）数据中心(http://shuju.aweb.com.cn)

数据中心涵盖企业、县市、品种与产品、实用技术、法规标准、人物6大类别，丰富的数据、专业的信息、有效的匹配，使数据中心成为涉农行业人士的百科全书。

自创立以来，农博网一直致力于农业行业的信息化建设，已成功举办七届全国农业网站百强评选活动，是国家农村信息服务示范项目，荣获联合国世界信息峰会大奖和中国商业网站百强等多项殊荣。面向未来，农博网将与各方人士共同携手，继续创新服务，促进农业行业的产业升级，助推农业信息化发展，共建农业行业的网络家园。如图5-15所示，即为农博网网站首页。

图5-15 农博网网站首页

2. 中国农资网

中国农资网(http://www.ampcn.com)以提供及时、有效、可信的新闻、信息、咨询和高效的电子商务平台为己任,为提升行业企业国际竞争力,不断拓展和延伸信息服务宽度和深度,并致力于构建最大、最活跃的网上农资产品交易平台。此外,中国农资网还提供电子期刊、技术咨询、信息数据库产品、企业上网工程等信息化服务。

信息服务:全年信息 30 000 条以上,包括化肥、农药、种子、农膜、农机 5 大品种;涉及尿素、碳酸氢铵、复合肥、磷酸一铵、磷酸二铵、硫酸钾、氯化钾、氯化铵、硫酸铵、杀虫剂、除草剂、原药、黄磷、棚膜、地膜、统计、进出口、营销、连锁、港口、科技、标准等相关领域。及时、准确的市场动态,独立、客观的市场分析,权威、深入的行业报告,众多栏目清晰排列,庞杂信息去粗取精,不作垃圾信息,保证信息质量,提高客户应用效率。

特色产品:包括价格日报、市场简报、市场日报、市场分析、市场周报、进口旬报、市场月报、市场季报、决策参考、市场调研、数据图表、港口数据等。

商务平台:中国农资网为所有入网客户提供了功能强大、操作简便的交易平台,提供在线交易、产品发布、企业宣传、人才招聘、视频展示等多种服务。如图 5-16 所示,为中国农资网网站页面。

图 5-16　中国农资网网站页面

3. 全国农产品商务信息公共服务平台

全国农产品商务信息公共服务平台(http://nc.mofcom.gov.cn/),于2006年4月启动了“农村商务信息服务工程”建设,该工程通过建立“一网一报一站”,为农民架起了一座了解与开拓市场的信息桥梁。“一网”是指建立“新农村商网”,通过公共信息服务的方式,为农民实时发布有关政策和农村商品供求信息,提供咨询和供求信息网上对接服务。五年来,新农村商网建设取得初步成效,特别是通过举办“农产品网上购销对接会”有效地帮助部分农民解决了“卖难”“买难”问题,农民们高兴地称新农村商网是帮助他们发家致富的“金桥”。

利用互联网为农民提供购销信息对接服务,是商务部贯彻中央1号文件,为农民办实事的一项重要举措。对接服务的重点是大宗的、需要远距离,特别是需要跨省销售的农产品。自2006年下半年以来,新农村商网通过举办网上农产品购销对接会、特色农产品网上对接专场、应急性对接专场和常态化的购销对接服务等多种形式,为全国1400个县的各类农产品提供了及时有效的对接服务。如图5-17所示,为全国农产品商务信息公共服务平台页面。

图5-17　全国农产品商务信息公共服务平台页面

实战篇

第 6 章

手机淘宝开店

如今，淘宝成为阿里巴巴“电商帝国”的基石，在淘宝上“孵化”出了一系列“明星产品”，如支付宝、天猫、去啊等。从发布各种平台的手机淘宝客户端，到发布手机支付宝钱包，然后迅速宣布开放手机淘宝和手机支付宝平台，淘宝在移动互联网领域的投入可谓“快、准、狠”。

6.1 全面认识淘宝(天猫)与支付宝

6.1.1 不得不提的“双十一”

根据最新数据显示,2016 年天猫“双十一”全天成交金额达到了 14 000 多亿元,相比上一年同比增长近 60%,和往年比起来,“双十一”的交易额在逐年递增,如图 6-1 所示为 2009—2016 年天猫“双十一”的交易额。

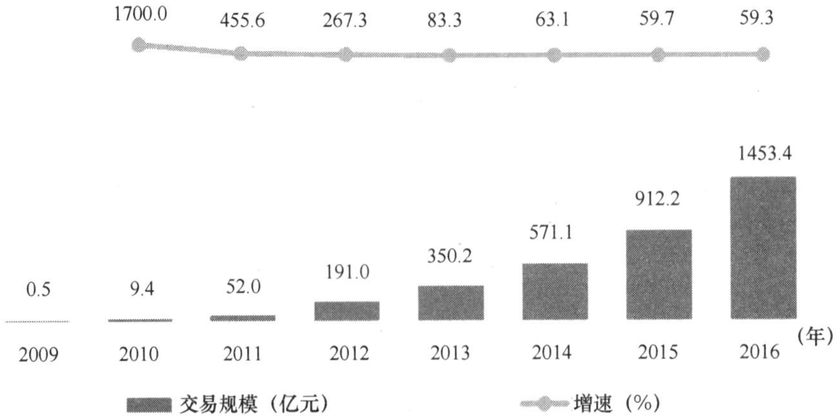

图 6-1 2009—2016 年阿里平台“双十一”交易规模

例如在 2015 年的天猫“双十一”交易中,移动端的交易额占比超过 60%,峰值达到了 90%,物流订单量超过 4 亿。由这些数据可以看出,手机淘宝给人们的生活带来的重要影响。

6.1.2 手机淘宝渗透人们的生活

现如今,人们生活中的每个环节都可以通过淘宝购物来实现,在淘宝上,商品种类繁多,主要包括如下几个方面:饮料零食;服装日化;酒店机票;手机话费;数码音响;电影票等。

可以说,手机淘宝已经渗透到人们生活中衣食住行的方方面面,让人们足不出户就能享受到自己想要的服务。

6.1.3　手机开店带给创业者更多机会

手机淘宝不仅改变了消费者的生活方式，还改变了创业者的创业方式。

足不出户的便捷、商品全面的对比、低廉的价格让淘宝成为人们消费的首选，因此想在这一块捞一桶金的创业者不在少数。

而想要开展淘宝业务，创业者首先需要在手机上拥有属于自己的店铺，那么，如何在手机淘宝上开一家赚钱的店铺，便成了众多创业者需要思考的问题。

淘宝开店绝对是当今做生意最热门的方式，目前在淘宝网注册的店铺有 800 万家之多，整个平台一年的营业额近 10 000 亿元。这样庞大的数字背后，少不了淘宝网开店带来的巨大利益，而手机淘宝作为现在淘宝力推的移动购物平台，其热度一定不会比淘宝网低，主要原因如下所示：

(1) 手机淘宝是中国最大的移动购物平台，人流量大，生意多；

(2) 在手机淘宝上开店成本比实体店要低，且比较容易经营；

(3) 手机淘宝信息传播广，能吸引大量的顾客前来购买；

(4) 手机淘宝上开店不仅操作简单，而且功能全面，许多复杂的设计都不需要用户自己处理；

(5) 淘宝推出的手机旺信及移动支付宝平台，极大地推动了安全和诚信体系的建立。

6.2　手机淘宝的操作流程

手机淘宝开店认证的具体步骤如下。

第一步：下载一个手机淘宝客户端软件并安装到手机上。具体操作是，打开手机互联网功能，在搜索窗口输入“手机淘宝”四个字，点击找到该软件下载安装后，会提示“已安装”，如图 6-2 左图所示。

第二步：注册淘宝账号。在手机桌面上找到淘宝客户端图标后，点击进入手机淘宝的登录界面，找到“快速注册”按钮后点击开始注册，如图 6-2 右图所示。

注册时应该填写手机号和验证码。手机号就是你的淘宝号，并且设置 16 位以上的密码，如图 6-3 左图所示。

填写完手机号和验证码后，页面提示将会给你的手机发送一条验证短信，注意及时查收，如图 6-3 右图所示。

图 6-2　注册淘宝账号

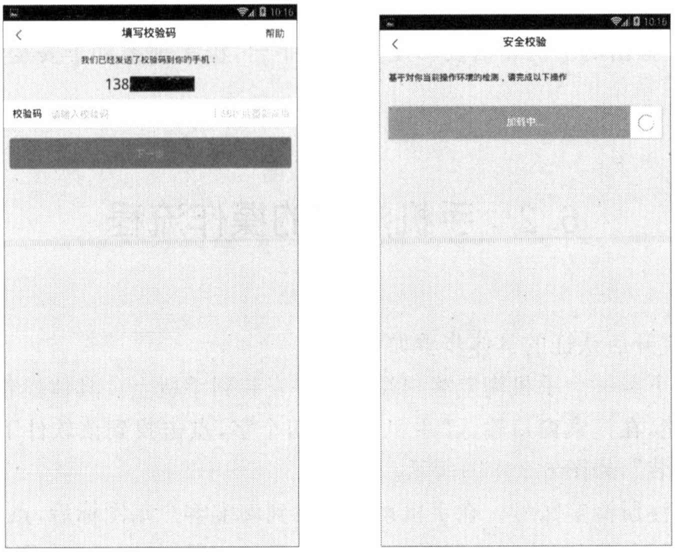

图 6-3　设置手机号和验证码

将手机短信上收到的验证码填写在对应的方框内，然后点击“下一步”按钮，如图 6-4 所示。

用邮箱注册淘宝账号的步骤和用手机注册淘宝账号的步骤一样，首先是输入“邮箱账号”，如图 6-5 左图所示。这时淘宝会自动向你注册使用的邮箱发一份邮件，你只需要打开邮件，点击邮件下面的链接即可完成注册，如图 6-5 右图所示。

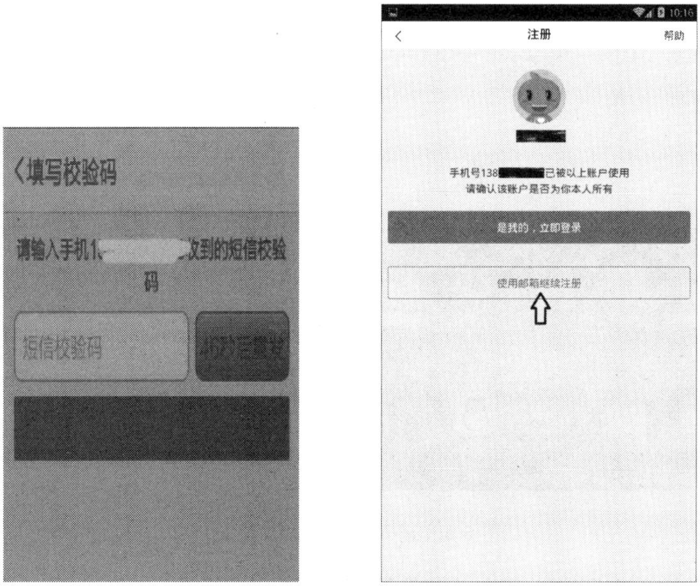

图 6-4　填写手机验证码

图 6-5　完成注册

第三步：开通淘宝店铺：下载好应用之后，打开你的淘宝，如图 6-6 左图所示。进入淘宝，在右下角点开我的淘宝，如图 6-6 右图所示。

图 6-6　进入“我的淘宝”页面

打开“我的淘宝”页面，选择“我要开店”选项，如图 6-7 左图所示。根据操作界面提示，首先给手机淘宝店铺设计一个 LOGO 上传上去，然后为店铺取个好听的名字，最后对店铺进行简单的描述。这样，手机淘宝店铺就建立成功了，如图 6-7 右图所示。

图 6-7　完成淘宝店铺的建立

接下来是实名认证，因为只有通过了实名认证之后，你的淘宝店铺才能被客户搜索到，你发布的宝贝才能被买家选中。首先打开“实名认证”选项，如图 6-8 左图所示，之后系统会弹出“添加银行卡”界面，要求你把已经开通网银的银行卡账号填写在对应方框内，如图 6-8 右图所示。

图 6-8　填写银行卡账号

实名认证结束后便可以在店铺中发布宝贝了。选择“发布宝贝”选项，打开，如图 6-9 左图所示，根据界面提示填写宝贝信息，发布后便能在自己的店铺中看到宝贝了，如图 6-9 右图所示。

图 6-9　发布并查看宝贝信息

此外为了实现手机对淘宝店铺的有效管理，还应该下载一个“千牛手机客户端”，主要是和客户进行对话、讨价还价等，也能对店铺进行管理。但是为了使淘宝店铺实现高效化运作，仅依靠手机管理还是不够的，由于手机费电，也费流量，因此在没有 Wi-Fi 的环境下，要使用电脑对淘宝店铺进行管理和维护。

6.3 手机淘宝的营销策略和方法

手机淘宝客户端、手机天猫店铺依托自身强大的优势，每天给用户提供各类产品信息和各类能够提升消费者消费体验的功能，具体包括如下：找相似；类比价格；搜索功能；收藏功能；订单管理；导航等。

手机淘宝、天猫在潜移默化地改变着人们的生活，本节将为大家介绍手机淘宝、天猫店铺的商业运营策略。

6.3.1 手机店铺及产品定位

手机店铺需要一个准确的市场定位，因为只有对市场和产品定位做到心中有数，才能在激烈的竞争中占据一席之地。

手机店铺的前期市场定位准备工作包括产品定位、市场考察、货源渠道、店铺设计等，如图 6-10 所示。

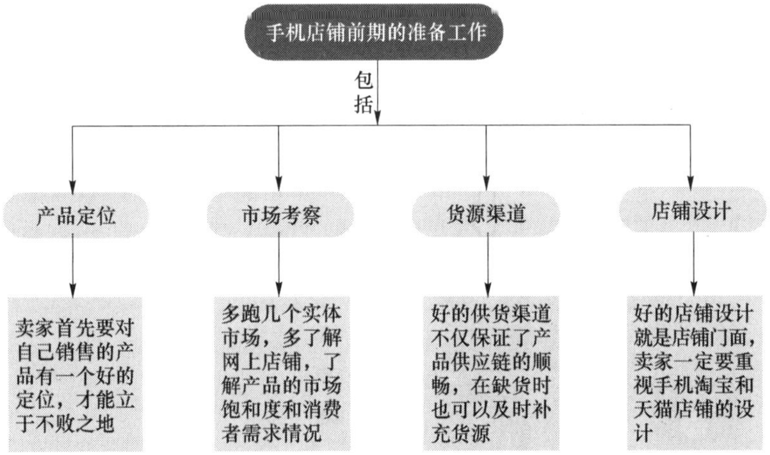

图 6-10 手机店铺前期的准备工作

作为刚起步的淘宝、天猫卖家，在做市场定位时应该明确以下几点原则。

1. 选择类目的原则

俗话说“隔行如隔山”，这是因为每一行都有自己的门道、自己的特点，因此创业者需要不断积累经验，选择最适合自己创业的类目。那么，创业者要如何选择适合自己的类目呢？具体来说，可以遵从以下原则，如图 6-11 所示。

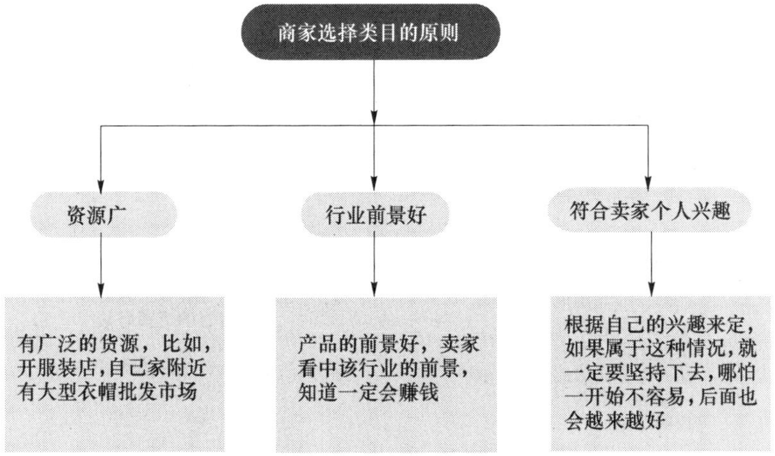

图 6-11　创业者选择类目的原则

2. 给目标用户进行定位

每个消费者都有自己的购物需求，卖家要针对不同消费者，采取不同的定位策略。

不过，几乎没有人可以一次就定位得很准确，所以创业者需要不断地进行调整，最好是根据经营过程中的经验来对目标用户进行定位。

3. 店铺定位的几种方式

通常来说，店铺定位的方式有 5 种，如表 6-1 所示。

表 6-1　店铺定位的方式

项目	内容
价格	利用低价来跑量，实现薄利多销的销售目的
专业	利用自己的专业知识赢得顾客的信任
特色	店里的产品可以做到“人无我有，人有我优”
增值	提供超出买家期望的增值服务
感情	多和消费者交流，用情感引起用户的共鸣，促成交易

6.3.2 手机店铺装修

手机店铺装修有哪些好处？简单来说，其既能够推广品牌，还能与其他店铺区分开来，如图 6-12 所示。

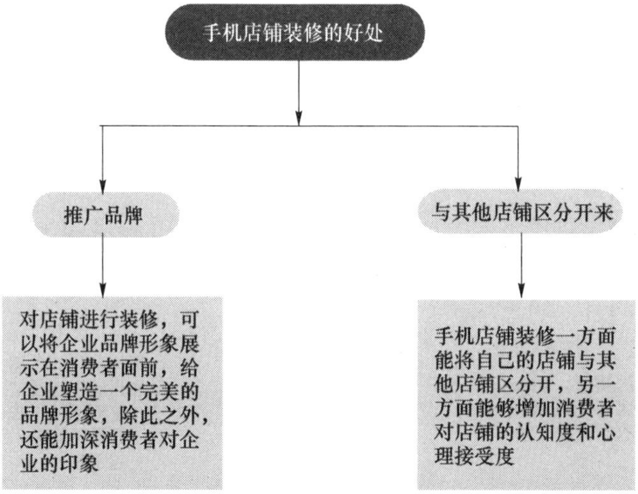

图 6-12 手机店铺装修的好处

现如今，淘宝店铺分为旺铺和普通店铺，但不论是哪种店铺，其装修内容和方向是一致的，都要进行以下几个项目的装修：店标装修；店招装修；活动页装修；公告装修；自定义页装修；宝贝页模板装修。

6.3.3 专享价促进移动端转化率的提升

淘宝手机专享价是一种让消费者享受更多优惠的政策，通过这种政策，商家可以不断地提高产品的转化率，让更多的消费者购买产品；而且，在移动端，不同等级的会员获得的优惠也不一样。

手机专享价有哪些价值呢？如果卖家使用手机专享价设置店铺的宝贝，将会获得如下好处：

◆ 手机专享价可以使宝贝搜索加权，让宝贝有明显的“手机专享”标签，也让消费者更容易搜索到卖家的宝贝。

◆ 卖家将设置了手机专享价的宝贝加入购物车，在购物车中查看宝贝时会显示提醒。

◆ 手机淘宝上会不定期地出现手机专享价活动，并在消费者客户端持续曝光。

◆ 手机专享价能够有效提升手机宝贝的成交转化率。

6.3.4　直通车移动推广及实施

在淘宝店铺推广引流的工具中，直通车是一个非常不错的选择，使用直通车进行推广有以下 3 个特点。

◆ 精准流量：直通车能够把宝贝最精准地展现给想买的人看，给店铺宝贝带来大量的精准流量。

◆ 超省成本：在展位上的展现是免费的，只有用户点击产品时，才会需要支付一定的费用。

◆ 超值服务：直通车提供了多种超值服务，例如论坛、热线电话等，帮助提升卖家的经营能力。

那么，使用直通车进行推广，主要在以下情况下进行：

◆ 宝贝销量比较少。

◆ 自然搜索流量比较少。

◆ 卖家想要获得更多的展示。

◆ 对于一些销量不错的产品，卖家想要获得更多的流量。

6.3.5　移动端活动

卖家在新品刚推出时，往往会通过参加淘宝官方推出的活动来加大新品的曝光率和知名度，在淘宝官方活动中，淘宝免费试用活动是最适合新品做推广的，如图 6-13 所示。

那么对于想要参加淘宝免费试用活动的卖家，有哪些方面的要求呢？具体如下：

(1) 淘宝店铺必须是一钻及以上，并且需要加入消费者保障服务；

(2) 试用品必须为原厂生产的合格、全新且在保质期内的产品；

(3) 试用品总价值不得低于 1 500 元，价格不得虚高；

(4) 商品单价不得低于 30 元。

(5) 美容彩妆、日化、珠宝配饰、个人护理等类目必须有“假一赔三”承诺或分销平台品牌授权。

(6) 食品、保健类商品必须有生产日期，且必须有 QS 或进口食品标记。

参加试用活动主要有以下几点好处：

(1) 通过买家的试用报告提高产品的好评率；

(2) 通过买家的试用报告提升企业的品牌形象；

(3) 通过吸引买家参加试用活动提升产品的知名度；

(4) 通过吸引买家参加试用活动，可以促进买家的二次购买。

图 6-13　淘宝免费试用活动

6.3.6　用展位博得眼球

“钻石展位”就是利用博眼球的图片进行推广的展示位。目前，钻石展位不仅在PC端和移动端等站内被应用，在站外也有所应用，不过商家投放最多的还是在站内。在移动端，最受卖家喜欢的是焦点图，其主要特点为：图片相对要大；制作方便；能够展示更丰富的内容。

焦点图可以使商家获得巨大的流量，是很多知名商家的必争之地，因为它不仅能够加强卖家在无线端的推广力度，还能帮助卖家店铺吸引更多的粉丝。

无线端展位的示例和最大亮点如图6-14所示。

6.3.7　SEO转化网店

SEO就是“搜索引擎优化”。淘宝搜索引擎优化，就是利用淘宝搜索排名的规则，将卖家的产品展示给搜索人群。简单来说，就是当卖家的目标客户搜索卖家的产品时，利用一些方法将卖家的产品展示在搜索结果的前面，如图6-15所示。

目前，DSR评分成为淘宝产品优化排名的一个重要的权重因素，因此卖家的营销重心需要从量向质转化。

图 6-14　无线端展位

图 6-15　搜索引擎优化

第 7 章

微信电商平台开店

随着手机、iPad 等移动智能终端的普及，依托于移动终端的电商开始进入人们的视野，微信便是其中的典型代表。凭借着微信的庞大用户基数，微信电商势必会变得火热。本章从策略、方法、技巧等多角度详细讲解了微信电商的商业模式、营销与运营技巧。

7.1　全面认识微信电商平台

近 20 年来，移动通信技术发生了翻天覆地的变化，当前通信技术的变革更是带动了移动互联网电子商务的大发展，影响着社会生活的方方面面。

在各种平台化电子商务中，缺少的不是商家，而是消费者。哪里有人，哪里就有商业，哪里就有盈利空间。

据第三方统计显示，70%的手机用户开通了个人微信，其年龄涵盖了小学生到老年人的各年龄阶层的人群。全球性社交营销代理机构 We Are Social 对世界大型网络社交平台进行调查排名，在其列出的世界 5 大社交网络中，腾讯公司旗下的 QQ、QQ 空间和微信同时进入前 5 名。

消费者才是商家追逐的目标，人的数量决定了财富的数量。“海量用户打底＋高端用户定位＋关系链二度挖掘”，微信的强社交属性让第三方开发者看到借助微信迅速崛起于移动互联网的机会，而微信则借助众多第三方开发者的内容，向更为强大的移动社交平台挺进。

7.1.1　微信占据通信 APP“半边天”

用户可以通过微信和好友进行形式上更加丰富的类似于短信、彩信等方式的联系。微信不仅具有传达各类信息的功能，同时它还增加了二维码、LBS 定位、“摇一摇”和“漂流瓶”的功能，将用户的交际圈扩大到陌生人，为用户提供一种充满未知和刺激的交友方式。

随着应用人群的不断拓展，不仅手机用户爱玩微信，不少商家也把微信当成销售和产品推广的营销利器。可以说，现在，我们的生活正在因微信而悄然发生改变。

7.1.2　微信正改变着传统商业模式

微信电商是网络经济时代企业营销模式的一种，是伴随着微信的火热而兴起的一种网络商业方式。微信不存在距离的限制，用户注册微信后，可与周围同样注册的“朋友”形成一种联系，订阅自己所需的信息，商家可以通过提供用户需要的信息，推广自己的产品，从而实现点对点的营销。

随着移动互联网的发展，移动营销渠道开始进入电商网站的视野，比如美丽说、蘑菇街等社会化电商都纷纷涌入微信，各种形式的导购网站、导购 APP 也层出不穷。电商网站进入移动互联网领域时，可以借助微信降低运营成本、扩大受众群体，而且微信收费低、快捷方便，这些对电商网站的营运具有极大的吸引力。微信营销的六大方面如图 7-1 所示。

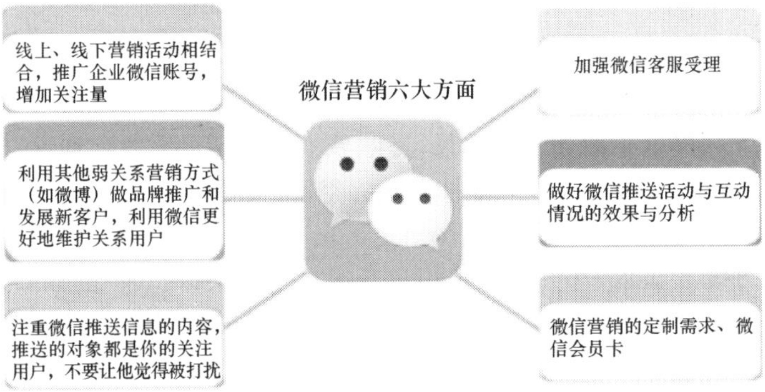

图 7-1　微信营销六大方面

电商网站不但可以把微信作为二次营销和客户服务工具，还可以将其作为第三方营销工具和服务平台，本着商务电子化的初衷，将复杂的“多对多”的交流过程变为人机交互的简单操作。

在新的功能和规则下，微信上的电商玩家（电商企业、微信服务商等）也纷纷开始酝酿新的玩法。

7.1.3　微信的移动电商价值巨大

与腾讯的发展史一样，微信在骂声中飞速成长——虽然既非原创，又不具备首发优势，但仅仅一年，微信就远远超越了竞争对手，拥有了 5 000 万用户。腾讯微信于 2011 年 1 月上线，其积累 1 亿用户花了 14 个月时间；从 1 亿用户增长至 2 亿用户，花了 6 个月时间；从 2 亿用户增长到 3 亿用户，仅用了 4 个月时间，这也证明微信进入了用户增长的爆发期。2014 年第二季度末，微信及 WeChat 的合并月活跃账户同比增长 5 710 至 4.38 亿。据伦敦调研公司“全球网络指数”（Global Web Index）数据显示，在美国约有 300 万的 WeChat 用户。

微信目前支持 iPhone、Android、Windows Phone、Symbian、Series、BlackBerry 6 大平台，并且支持 PC 端的网页版。最新版本的微信支持发送文字、图片、语音、视频及视频通话、实时对讲等通信功能和其他拓展功能。

随着微信用户的增长和版本的不断升级，微信的商业化进程一直为业内人士所广泛关注。微信被认为获得了“移动互联网第一张船票”，其商业化之所以得到如此广泛的关注，是因为其具有非常大的商业价值。

而微信的商业化对于整个移动互联网来说，也是流量变现的积极探索。尤其是在微信 5.0 推出之后，微信的商业化进程已经开始推进，它的商业化价值主要体现在用户、行业、公司、产品这 4 个要素上，如图 7-2 所示。

图 7-2 微信的商业化价值

7.2 微信电商平台的选择

社交业务将成为移动互联网门户级业务，而微信则将成为手机的门户。只有发展门户级业务，才可能构建庞大的业务生态圈，让大量的公司和个人在这个生态圈里创新和谋生。从这个意义上来说，微信应该受到重视，而且，对于构建生态圈而言，由于微信业务更加接近基础通信业务，更加贴近人和人之间沟通的本能需求，因此它在构建生态圈方面优势更加明显。目前，微信公众号、微信支付、微信小店、有赞、微盟旺铺、京东微店等多种商业模式已初见成效。

7.2.1 微信公众平台

微信公众平台是腾讯公司在微信的基础上新增的功能模块，通过这一平台，个人和企业都可以打造一个微信的公众号，可以群发文字、图片、语音、视频、图文消息 5 个类别的内容。目前微信公众平台支持 PC、移动互联网网页登录，并可以绑定私人账号群发信息。微信公众平台是一个自媒体平台，它是微信系统的重要组成部分，微信整个板块包含个人微信、二维码、公众平台。微信公众号又可以分为服务号、订阅号和企业号。

◆ 企业号：微信为企业客户提供移动应用入口、简化管理流程，提升组织协同动作效率；帮助企业建立员工、上下游供应链与企业 IT 系统间的连接(见图 7-3)。

适用人群：企业、政府、事业单位或其他组织。

温馨提示：

企业号能帮助企业、政府机关、学校、医院等事业单位和非政府组织建立与员工、上下游供应链及企业 IT 系统间的连接，并能有效地简化管理流程，提高信息的沟通和协同效率，提升对一线员工的服务及管理能力。总的来说，我们可以把企业号和一个企业内部的 OA 系统类比起来。

图 7-3　微信企业号

◇ 服务号：服务号开放的接口比较多，主要针对企业、以服务功能型为主的账号，功能强大，但不需要过多推送内容，以服务为主，给企业和组织提供更强大的服务与用户管理能力，帮助企业实现全新的公众号服务平台，如招行信用卡、南方航空。很多企业也会选择服务号与订阅号同时建立来满足不同的需求，主要用于服务（见图 7-4）。

适用人群：媒体、企业、政府或其他组织。

图 7-4　微信服务号

◆ 订阅号：主要用于推广。多是一些媒体、自媒体、公司市场、品牌、宣传使用，为媒体和个人提供一种新的信息传播方式，构建与读者之间更好的沟通和管理模式。订阅号还分个人订阅号和企业组织类的订阅号，但个人订阅号无法认证，申请企业类的账号，才能获得更多权限和排名的优化（见图 7 5）。

适用人群：个人、媒体、政府或其他组织。

图 7-5 微信订阅号

温馨提示：

(1) 如果想用公众平台简单发发消息，做宣传推广服务，建议可选择订阅号；

(2) 如果想用公众平台进行商品销售，建议可选择服务号，后续可认证再申请微信支付商户。

服务号和企业号群发的消息会显示在订阅用户的会话列表里，订阅号所发消息会被折叠放在订阅号里，如表 7-1 所示。

表 7-1 企业号与服务号、订阅号的区别

	企业号	服务号	订阅号
面向人群	面向企业、政府、事业单位和非政府组织，实现生产管理、协作运营的移动化	面向企业、政府或组织，用以对用户进行服务	面向媒体和个人提供一种信息传播方式
消息显示方式	出现在好友会话列表首层	出现在好友会话列表首层	折叠在订阅号目录中
消息次数限制	最高每分钟可群发 200 次	每月主动发送消息不超过 4 条	每天群发一条

续表

	企业号	服务号	订阅号
验证关注者身份	通讯录成员可关注	任何微信用户扫码即可关注	任何微信用户扫描即可关注
消息保密	消息可转发、分享。支持保密消息，防成员转发	消息可转发、分享	消息可转发、分享
高级接口权限	支持	支持	不支持
定制应用	可根据需要定制应用，多个应用聚合成一个企业号	不支持，新添成员需要重新关注	不支持，新增成员需要重新关注

7.2.2 微信支付

微信支付的普及对移动互联网意义深远，实现了从线上到线下的完整闭环，打通了O2O的最后一环。尤其对线下商家而言，开通微信支付是微信开店的必备条件，只有开通微信支付，才能把线上与线下、人与服务紧密地结合在一起。

腾讯CEO马化腾对微信支付的定义是：只需将微信账户绑定银行卡就可以在微信内公众号、APP及身边随时可见的二维码简便、快捷地完成付款，从而为商业场景在手机中的闭环提供一种全新的解决方案，如图7-6所示。

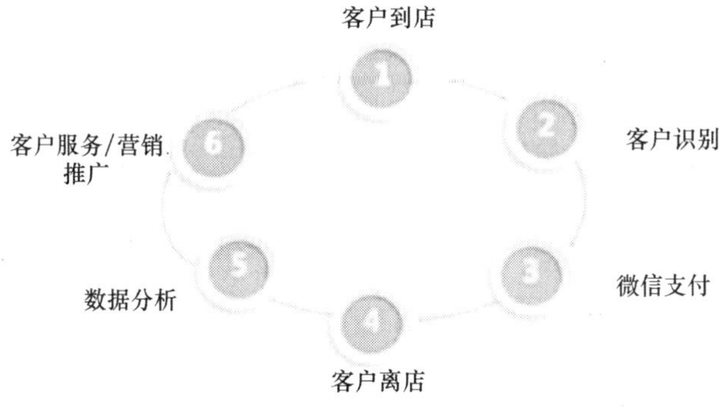

图7-6 微信支付：O2O闭环示意图

微信支付（商户功能）是公众平台向有出售物品需求的公众号提供推广销售、支付收款、经营分析的整套解决方案。商家可以申请公众号支付和APP（应用客户端）支付两种接入微信支付方式。

微信支付方式如下。

◇ 公众号支付：是指用户在微信公众号内使用微信支付消费，例如巧嫂商城、手机话费充值等，如图 7-7 左图所示。

◆ APP(应用程序)支付：用户在手机应用 APP 内使用微信支付消费，例如美团网、大众点评、京东等 APP 客户端，如图 7-7 右图所示。

图 7-7 相关应用中的微信支付界面

7.2.3 微信小店

2014 年 5 月 29 日，微信公众平台宣布正式推出“微信小店”，将形形色色的小店搬进微信里。微信小店是腾讯基于微信公众平台打造的一款原生电商平台。商家只要登录微信公众平台，按照相关步骤操作，即可获得轻松开店、管理货架、维护客户的简便模板，方便了广大的基本电商用户。

从运营模式上看，微信小店实现的最终效果类似于移动淘宝，如图 7-8 所示。

“微信小店”的推出，将极大地丰富微信公众平台及微信支付的应用场景，提升用户体验。微信的商户功能本质就是微信支付，而微信小店是基于微信支付产生的，是帮助用户解决商品售卖的方案。

消费者将在微信公众平台上获得更加丰富、更加原生态、更加流畅的购物体验，可以多途径、多入口体验，如自定义菜单、查看商品消息等。

企业商家可以基于自己的微信公众号，通过“微信小店”来售卖商品。针对部分有开发能力的商家，也可以通过 API 接口的方式，批量添加商品，自行实现商铺功能，通过相关的接口权限更方便地管理商品数据等内容。通过“微信小店”的后

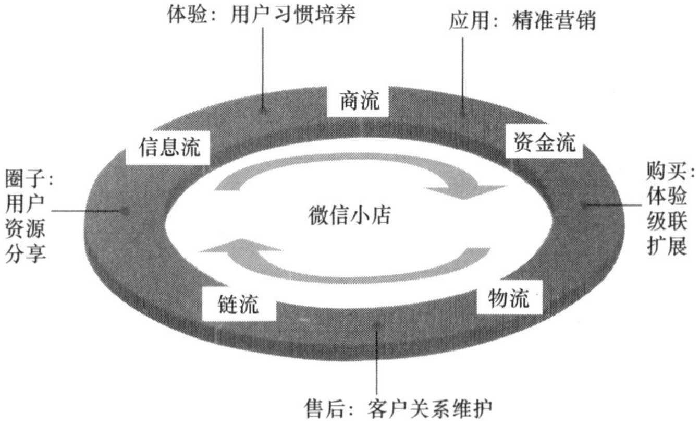

图 7-8　微信小店的运营模式

台系统，也能更加方便地联系和维护企业的客户关系。

由此可见，“微信小店”再次提升了微信“连接一切”的能力。微信本身是一个很有价值的工具，它与电商最好的结合点在于辅助做客户关系管理。随着客户的积累，可以兼顾做老顾客营销。

7.2.4　微信商城

随着微信支付的推出，微信正在从 CRM 营销功能向交易闭环推进。而微信商城则有可能在此基础上完成腾讯电商乃至整个零售业态的战略转移，从而绕开 PC 端的激烈角逐，在移动电商领域提前卡位。

微信商城(即微商城)是一款基于移动互联网的商城应用服务产品，以时下最热门的互动应用微信为媒介，配合微信支付功能，实现商家与客户的在线互动，即时推送最新商品信息给微信用户，实现微信在线的购物功能。

熟悉互联网的用户可能对微商城已经不再陌生，其是由第三方在微信基础上开发出来的可以购物的功能模块，只要你有公众号就可以建立微商城。微商城类似于 WAP 手机网站或者 APP，但又比其有更多的优势。如图 7-9 所示，为北农超市和京东到家微商城页面。

微商城是在手机端建站服务，在微信平台建立商城，实现商品展示、活动促销、产品购买、移动支付、客户管理等，帮助商家拓展微信市场。因此，对于企业来说，选择、搭建一个真正的微商城至关重要。想要有微商城功能，首先需要一个微信公众号，然后找第三方开发平台建立微商城，除此之外还可以添加其他类似抽奖活动、大转盘活动、自动回复、红包活动等其他功能，具体如下所示。

(1) 覆盖广：线上线下联动传播，传统媒体无可比性；

图 7-9　微信商城

(2) 功能强大:广告展示、在线消费、自动定位、自动搜索、在线互动、在线娱乐等应有尽有;

(3) 成本低:相同的广告效果,其投入成本只是传统广告投入的 1%或更低;

(4) 效果好:受众精准、反馈速度快、互动性强、消费会员体系庞大。

7.3　微信电商平台的操作技巧

社交业务将成为移动互联网门户级业务,而微信则将成为手机上的门户。只有发展门户级业务,才可能构建庞大的业务生态圈,让大量的公司和个人在这个生态圈里面创新和谋生。从这个意义上来说,微信应该受到重视,而且,对于构建生态圈而言,由于微信业务更加接近基础通信业务,更加贴近人和人之间沟通的本能需求,因此它在构建生态圈方面优势更加明显。目前,微信公众号、微信支付、微信小店、有赞、微盟旺铺、京东微店等多种商业模式已初见成效。

7.3.1 微信电商的基本特点

微信电商的基本特点包括产品和用户两个方面。

你也许会卖衣服、化妆品，还有厨具，那你的产品有哪些优势？设计上的优势，抑或是价格上的优势，抑或是质量上的优势？如果你卖的是女装，那么今年流行的款式与颜色是哪些？……读懂了自己的产品后，再考虑如何向用户放大你的产品优势。

用户层面的考虑，哪些用户是潜在用户？哪些年龄层次的用户是你的目标用户？是在校大学生、普通薪资族、家庭主妇，还是都市白领？为什么要考虑这些呢？因为要构建一个能够带来转化的朋友圈！

有些朋友将微信加到 5 000＋好友后，就非常高兴，认为以后晒产品到朋友圈时带来的几千曝光量，一定可以有不菲的转化。可是在一段时间后，却发现转化非常少，这是为什么呢？因为没有找准你的用户，因为你不加挑选地加了好友后，却没有考虑这些好友是否需要你的产品。所以，产品能否满足用户需求是带来转化的前提条件。这也是上文提到的，微信电商的开始，重要的在于了解用户这一基本要素的理由所在。

7.3.2 朋友圈的买卖以信任为基础

与用户构建信任关系很重要，如果说淘宝店是等着用户来找你，那么微信电商的推广其实是自己主动出击。方法很多，找到适合的才是目的。那么与用户构建信任关系的方法有哪些呢？

(1) 建立微信群。一个微信群可以有 500 位成员，那么 5 000 名好友的微信号就可以建 10 个微信群了。不要发硬广，保证微信群的健康，多与用户聊些他们感兴趣的话题，慢慢引导用户对你的品牌的信任，只有别人信任你之后，再来谈你的产品，才不会让用户感到唐突。

(2) H5 页面活动。如果说微信群就是寻求你与用户的信用关系的建立与互动的话，那么 H5 页面活动就是寻求更深层次的互动关系。如做一个有奖问答的 H5 页面，得分最高的前十名可以免费领取一件或几件商品，相信肯定可以调动用户参与活动的积极性。

(3) 朋友圈的推广不宜天天硬广，粗暴的晒几张产品图、一条购买链接，就想带来大量转化的效果是不可能的。有价值的内容推送，不仅能够引起用户的共鸣，还能带来用户自发的转发效果，相关微信公众号就可以轻松地实现内容推送了。比如卖的是女装，那是否可以推送一篇《漂亮女生夏天最不适合穿的长裙有哪些》的文章呢？文章末尾再巧妙地指出，漂亮女生夏天该穿哪类的衣服，而这类女装正好你在卖，一条购买链接适时地出现，这样既不显唐突与生硬，而且也更容易让用户接受。

7.3.3　线上线下相结合

微信电商基于微信，朋友圈的买卖基于信任与用户需求。但一个微信号最多与 5 000 人建立最基本的信任关系，如果这样还不够，那么就需要扩展更多的精准用户，这时怎么办呢？

APP 推广喜欢在线下找校园大使，微信电商同样可以。举一个例子：万商堂的小张是卖韩装的，他经过一段时间的用户分析后，发现购买韩装的最主要客户，是在校的女大学生。这时候小张想，我该怎样把这块的业务再做大些呢？一个偶然的机会，他认识了某大学的一位女学生，这位女学生听完小张的想法后，迅速说，我做你的校园大使吧，你送我几套衣服，然后你按销量给我抽成。小张听完，立马就同意了。后来他断断续续找了十位高校的形象大使，销量在提升的同时，他还通过这十位形象大使的关系又建了几十个相关的微信群。每个学校的微信群都由各个形象大使负责，因为她们都在同一所高校的原因，信任关系很容易建立起来，而间接的，她们帮助小张也建立了用户与品牌的信任关系。更重要的是，这几十个微信群全是精准的目标用户。

由此可见，基于微信的电商推广是可以线上线下相结合的，具体的方法还有很多，比如宣传单、线下活动等。但上面例子中的做法更好，因为它不仅是代理人那么简单，他还通过校园代理人的方式，成功与目标客户建立了互信。

生意场上互信太重要了，别人刚加你，你一条广告就打过来，就算别人有购买的想法，也因为你的简单粗暴而心生反感，从而选择去别家购买了。所谓的朋友圈，就是一个朋友的圈子，如果缺失了互信，那么朋友圈的生意也就缺失了最重要的灵魂。因此，不管是个人还是企业想借微信来做电商的推广、营销，都必须建立在如何与用户互动的基础上。因为互动是建立信任的必要手段，而生意也是这样做成的。

7.4　微信电商平台的营销策略和方法

利用移动端卖产品是一个趋势已成为不争的事实，可是如何使用移动产品做营销却是一个很头疼的问题。微信的用户质量和活跃度远超其他平台，被称为移动互联网时代的第一入口。本节就主要介绍微信电商运营的策略、方法与技巧。

7.4.1 多维化社交

微信是一款即时通信应用，同时也是一款社交应用。微信的社交包括两部分，一是熟人社交，二是陌生人社交。这两部分共同构成了微信的多维化社交体系，使得一次社交应用拥有更多玩法，如图 7-10 所示。

图 7-10　微信社交的方式

对于微信电商的商家来说，首先就是要学会添加好友，因为这些好友就是潜在的消费者。微信添加好友的方式主要有以下几种。

(1) 庞大的 QQ 用户群体为微信的用户扩展提供了良好的支撑，是微信发展初期能够迅速成长的重要原因之一。

(2) 而通讯录的结合又进一步扩展了用户群体，并与移动端的通信功能进行良好的整合，将熟人好友关系从线上扩展到了线下，进一步深入到了用户日常的社交生活中。

(3) 微信最先推出的陌生人交友模块为查看“附近的人”，是基于位置的交友，如图 7-11 所示。“附近的人”是微信推出的一项 LBS 功能，目的就是为了方便用户交友，它将会根据用户的地理位置找到附近同样开启这项功能的人，使用户轻松找到身边正在使用微信的其他用户。

附近的人：

在附近用户中，除了显示用户姓名、距离等信息外，还会显示签名档的内容，商家可以利用这个免费广告位为产品打广告。

图 7-11　微信交友之“附近的人”

(4) “摇一摇”是基于特定互动方式的交友，支持通过“摇一摇”手机找到同时也在摇手机的朋友，具有较强的场景特征，如图 7-12 所示。

(5) 漂流瓶则是随机认识陌生人，漂流瓶从 QQ 邮箱移植到微信上后，其功能基本保留了原始简单易上手的风格。商家可以选择发布语音或者文字信息，如图 7-13 所示，然后投入“大海”中。微信官方可以对漂流瓶的参数进行更改，使得合作商家推广的活动在某一时间段内扔出的“漂流瓶”数量大增，普通用户“捞”到的频率也会增加。加上“漂流瓶”模式本身可以发送不同的文字内容甚至语音小游戏等，如果营销得当，也能产生不错的营销效果。而这种语音的模式，也让用户觉得更加真实。但是，如果只是纯粹的广告语，则会很容易引起用户的反感。

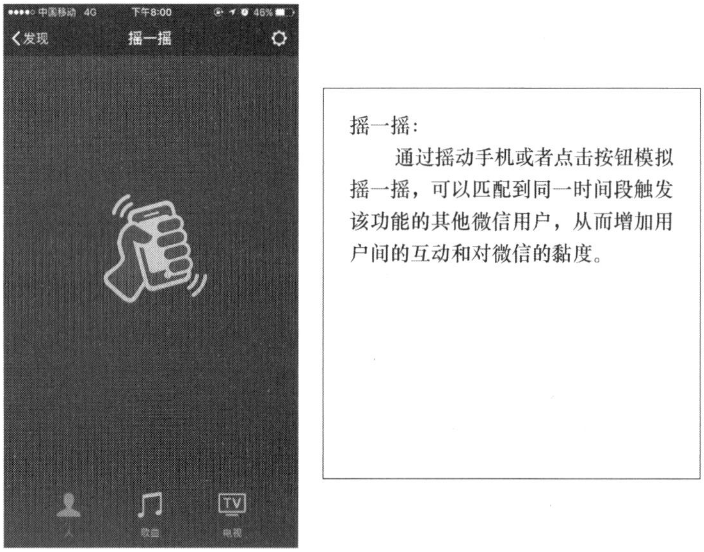

图 7-12　微信交友之“摇一摇”

图 7-13　微信交友之“漂流瓶”

微信具有“弹性社交”的特点，即由有一定关联的人构建即兴即时的可远可近的社交网络群组。例如，微信的“摇一摇”既可以在朋友聚会上近距离一起摇动手机添加好友，又可以发现远处共同摇手机的人随时聊天；而“漂流瓶”的随时即兴特征更加明显。总之“弹性社交＋熟人社交＋陌生人社交”为微信提供了丰富、多层次的社交体验，为微信商业化打下了最坚实的基础。

7.4.2　朋友圈推广

微信营销说得简单点，就是通过微信“交朋友”，让别人关注自己，然后在朋友圈发送动态引导朋友支持自己，购买自己的产品。因此，朋友圈推广是微信营销最主要的工作之一。商家想要强化朋友圈的关系，就必须打造精彩的朋友圈内容。在朋友圈发布内容的操作方法如下。

步骤 1：进入微信“发现”界面，点击“朋友圈”选项进入其界面，长按右上角的相机图标，如图 7-14 左图所示。

步骤 2：进入“发表文字”界面，即可在此编辑文字信息，如图 7-14 右图所示。

图 7-14　微信功能之“朋友圈”及“发表文字”

步骤 3：在“朋友圈”界面点击右上角的相机图标，弹出相应菜单，可以选择发表照片或小视频。例如，选择“照片”选项，在手机中选择一张图片，进入编辑界面，用户还可以在此输入文字信息，点击“发送”按钮即可发布图片信息。

朋友圈营销的核心就是“深化与朋友的关系”。因此，商家要把与朋友的“弱关系”转变为“强关系”。只有把与朋友的关系放在首位并进行深化，才能迎来长期、高质量的发展和收获。朋友圈营销是微信营销的最佳实践，它从商家“自说自话”演化为“让别人帮你说话”。话语权已经不是在商家一方，而在朋友圈一方。只有强化跟朋友圈中朋友的关系，让他们为你传播，微信开店才能塑造未来的优势。

7.4.3 微信群运营

微信群更私密，群的概念更内敛，更多的是一些好朋友、小圈子，人数不多。每个做微信电商的人都有理由建立一个微信群，然后在微信群里不断地进行交流，拉近与粉丝的距离。

微信中的任何成员都可以直接拉自己的微信好友入群，不需要对方同意。因此，建立微信群比建立QQ群更加简单，其操作方法如下。

步骤1：进入微信“通讯录”界面，点击“群聊”选项，如图7-15所示。

步骤2：在“群聊”界面，点击右上角的“+”号按钮，如图7-16左图所示。

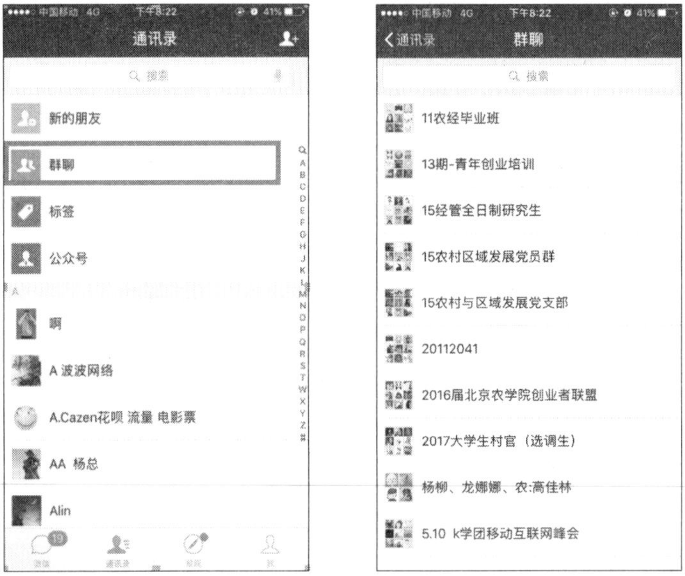

图7-15 微信群聊相关界面

步骤3：进入“发起群聊”界面，选择相应的好友，如图7-16中图所示。

步骤4：点击“确定”按钮，即可新建一个微信群，如图7-16右图所示。

步骤5：点击右上角的“聊天信息”按钮，进入“聊天信息”界面，即可修改群用户、群名称、群二维码等，如图7-17左图所示。

步骤6：目前，用户只能通过群中的人邀请和扫二维码的方式加入微信群。如果是群中的人添加你，则不需要你验证，可直接进入微信群。另外，在微信群的“聊天信息”界面点击“群二维码”选项，即可查看该群的二维码名片，如图7-17右图所示。

在信息传播方面，微信群有不可小觑的威力。比如，一个经营着淘宝店的商家

图 7-16　微信群聊相关操作界面

图 7-17　微信群聊相关操作界面

可以通过微信群定向发布自家产品的最新信息,由于消息是主动推送给群组成员的,因此达到率和打开率都要高于朋友圈,后者容易错过消息。

微信群已经成为消费者搜索产品和品牌信息、进行互动交流的重要场所。提到微信群时，我们都知道通过微信的群组功能，可以实现一对多的沟通。初始微信群的上限是 40 人，后扩展到 100 人，微信沃卡用户可以将 4 个微信群的成员人数上限提高到 150 人。

利用微信群进行产品营销的方式有以下 4 种。

(1) 内容运营：针对群的定位每天发布固定内容 1～5 条，以微信打折购物群为例：每天发布 3 条，内容以特价商品为主。

(2) 活动运营：用户可以在群里基于共同的兴趣爱好或话题进行多人畅聊，每天可找热点话题讨论；可定期开展讲笑话、猜谜语、智力问答等小游戏；可配合官方活动同步开展微信活动。

(3) 会员运营：积极与群内活跃成员沟通，让其帮你一起发布内容，带动其他会员参与；设立类似群主的职位，让他在你不在的情况下帮忙维持群内秩序。

(4) 微信群矩阵：建立多个微信群和公众号，互相推广，达到粉丝利用最大化。

提示：

由于微信群的名称所有群成员都可以修改，因此最好每天查看是否被修改。遇到不是在聊群主题的用户，可以进行私聊引导，以免骚扰到其他用户，导致退群。由于手机管理微信群操作不便，商家可利用微信网页版对群进行管理。

7.5 案 例

7.5.1 商场：天虹(见图 7-18)

每天微信接待 8 000 人次案例亮点：零售 O2O 模式转型，实现微信逛街。

图 7-18 天虹商场 Logo

案例描述：用过微信“打飞机”，有没有用过微信逛街？天虹的微信商城系统率先实现，而且还是微信支付第一开通者。便捷的自助服务满足了粉丝对于品牌检索和优惠查询的需求，关注天虹微信、点击购物搜索某类品牌，屏幕中瞬间给顾客展示商场内品牌，随即打开一个品牌链接，该品牌的优惠活动、折扣数量、单品售价范围就展示出来，给客户很好的体验感，省时省力。最后，便捷的支付模式，用户可以直接通过微信购买商品或礼品卡，或者看好了去门店买，可以选择在线支付，也可以选择货到付款。天虹商场试水微信开启零售 O2O 模式，其微信平台通过腾讯微生活，实现了个性化信息订阅、会员系统无缝对接、一对一互动等。当其与微信合作消息传出后，天虹的股价连续三日累计上涨近三成，天虹参与微信平台，提升了品牌知名度，吸引客群，给天虹带来了持续的关注和购物转化，客户黏性得到极大程度的提升。目前，天虹微信已有数千商品在微信销售，拥有 40 多万粉丝，每天在微信上接待顾客 8 000 人次！

7.5.2　餐饮：海底捞火锅（见图 7-19）

每日微信预订 100 万案例亮点：海底捞生意太火爆了，与其来了排队，不如提前微信预约，省得商户和客人双重尴尬。

图 7-19　海底捞火锅外景

案例描述：作为国内最具口碑的餐饮连锁服务机构，海底捞是较早试水 O2O 营销的餐饮连锁服务企业之一，凭借在微博、点评网站等互联网平台的口碑，海底捞迅速聚焦起了大量忠实粉丝。加强客户关系管理一直是海底捞的追求，特别是移动互联网时代，新技术手段层出不穷，对经营者而言如何选择更好的管理方式是他们需要思考的问题。首先，创意活动吸引。用户一关注海底捞火锅的微信，就会收到一条关于发送图片可以在海底捞门店等现场免费制作打印美图照片的消息，是不是瞬间就有吸引力？其次，自助服务全。通过微信可实现预订座位、送餐上门甚至可以去商城选购底料。如果想要外卖，只需简单输入送货信息，就可坐等美食上门。当然，其设计的菜品图案也是看着就有流口水的欲望。最后，加上线下优质的服务配合，同时享受"微信价"，怎么能没有吸引力？据悉，海底捞每日通过微信预订量高达 100 万次。

7.5.3 电影院:万达影院(见图 7-20)

微信渠道日均出票 8 000 张案例亮点:快捷购票,实现多功能自助服务。

图 7-20 万达影院

案例描述:作为传统行业的电影院,万达影院的做法也值得我们借鉴学习。首先,关于万达影城的微信开发系统,万达影院最值得一提的是其便捷的票务服务,关注了万达影院微信公众号,可以简单地实现在线预订、在线选座、查询热映影片、查看上映影片信息、评价分享等。试想一下,你和女朋友在附近吃饭突然想看电影了,马上掏出手机订好票,还是你们想要的位子,吃完东西就不慌不忙慢慢过去,不用排队,不用担心没票,也不用担心座位不好。此外,影院微信还会不定期针对会员做一些活动,增强粉丝黏性。虽说其微信开发上的体验没有自身 APP 的好用,但是作为会员管理、活动营销以及简单的在线订票等已经基本够用。其次,对于二维码的推广,万达影院也是有自己的一套做法,一是在出票的票面上印上二维码,使得凡是看电影的用户都可以随机扫其二维码。配合其强大的服务体系,这么做能很好地抓住粉丝。同时,万达也会为了吸引粉丝开展一些活动,例如,关注微信可一分钱看电影(限场次)、送可乐爆米花等。对于影院而言,闲时会有很多空位,这样就可以拿来回馈一下粉丝。事实证明,这种回馈带来了非常可观的效果,使得万达影城微信渠道现日均出票 8 000 余张。

通过上述几个案例,可总结出做微信电商的几个细节要点,具体如下:

(1) 通过订阅号内容发展新粉丝;

(2) 订阅号以分享内容为主,推荐商品为辅;

(3) 通过订阅号内容黏住老粉丝;

(4) 通过自定义菜单、图文推荐、营销型页面组合提升销售转化率。

第8章

电商 APP 应用

近年来，随着智能手机等移动终端的普及，人们使用电脑的时间大幅度减少，伴随着智能终端而衍生的 APP 等移动支付功能的发展，促使移动购物成为当下的主流。

企业定制 APP 服务以树立其专业高效、标准智能的新形象，并正在以独有优势取代传统营销方式，成为市场主流。企业 APP 的应用，可更好地构架企业与用户沟通的桥梁，并进一步开创互联网经济新局面，让企业更快更好地打造出消费者手机里的移动商店，进而促使交易达成。

8.1 全面认识 APP

当前,很多企业把建设一个宣传型网站作为互联网宣传的第一步,在互联网上展示企业形象和主营业务,吸引浏览者关注其网站,从而达到促进销售、提升企业价值的目的。同样,在移动互联网时代,谁先占领用户的手机桌面,谁就是"明日霸主"。可以说,APP 是移动互联网时代的企业标志。

8.1.1 何为 APP

APP 是智能手机应用程序的简称(也称手机客户端)。APP 安装方便,使用简单,可以结合图片、文字、音频、视频、游戏等生动展现品牌和产品信息,已经成为占据手机屏幕的第一入口。有关 APP 的架构如图 8-1 所示。

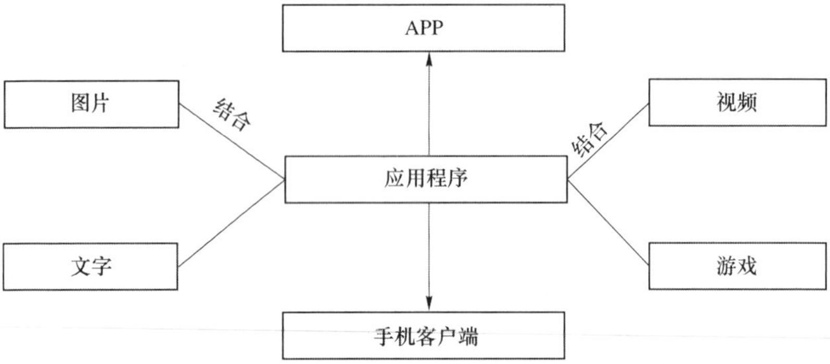

图 8-1　APP 的架构

随着 iPhone 手机的流行,苹果通过"iOS+App Store"重新定义了底层结构,所有的 APP 应用都需要通过应用商店的发布才能送达最终用户的手机上,因此,手机用户开始学习使用本地 APP 连接丰富的网络服务。随着 Android(Google Play)的跟进,应用市场成为用户接入移动互联网的第一层入口。

Google 的 Android 和苹果的 iOS 将在相当长的一段时间里统治移动互联网的底层生态,双方的势力范围会日渐趋同,生态系统会日趋完备。在这个维度,留给后发者的机会,不能说没有,但已经微乎其微。

当然,在中国等少数几个国家,仍然有相对独立的市场存在,同时在 Android 开放的庇护下,给了第三方 Android 应用市场以机会。目前,国内大大小小的应用商店市场有成百上千家,现在还处于一个大浪淘沙的阶段,比较有规模的如 91 助手、机锋、豌豆荚、安智开发市场等。

APP 大发展如此火爆，究竟它有什么特别之处呢？企业可以通过 APP 应用在快速移动的碎片化环境中动态实时感知、发现、跟随、响应一个个"人"，能够理解他们，并与他们对话。APP 是提高品牌商家营销成本效率的关键。而 APP 移动营销，则依赖其丰富的创意表现形式、时尚的科技体验，以及天然的随身互动价值，为 SICAS 消费模型的实现带来新的机遇。

8.1.2　APP 的优势

随着互联网的开放程度不断提高，APP 高效率、低成本的盈利模式也渐渐被更多的互联网商家看重，如阿里巴巴旗下的淘宝开发平台、新浪的微博开发平台、谷歌应用平台等都是 APP 商业化的具体表现。而目前，APP 在商业营销过程中的主要作用如图 8-2 所示。

与此同时，APP 在广告中的应用形式也是丰富多样、层出不穷的，具体分析如图 8-3 所示。

图 8-2　APP 的主要作用

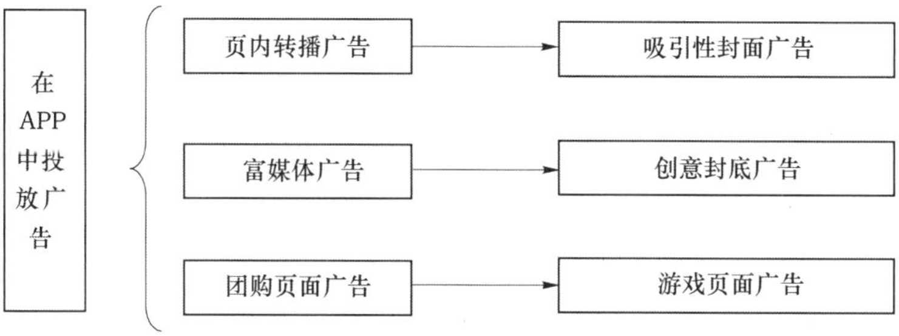

图 8-3　APP 中投放的广告

8.1.3　电商 APP 的发展前景

企业开发 APP 的根本目的是利用其进行营销，主要原因在于两个方面：一是可以通过 APP 积聚不同类型的网络受众，二是通过 APP 平台可获取大众流量和定向流量。

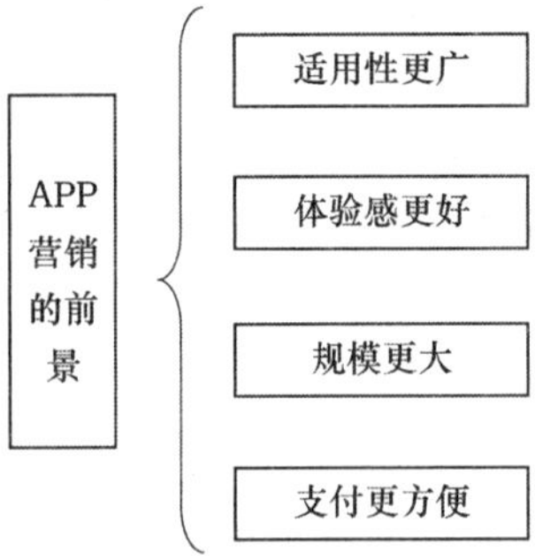

图 8-4　APP 营销的前景

作为互联网时代的标志之一，APP 的影响力不言而喻。对于企业而言，一个优质的企业 APP 就是移动互联网时代的企业标志。

APP 营销的发展前景十分广阔，尤其是随着智能化趋势的进一步体现，未来大众对于 APP 的需求会更大。从企业 APP 的角度出发，APP 营销的前景主要体现在如下 4 个方面，具体如图 8-4 所示。

1. 适用性更广

垂直化是企业 APP 的一个特色。对于非大型企业而言，为了让企业在庞大的竞争群体中脱颖而出，找到一个切入口作为 APP 的特色已经成为一种主流模式。移动互联网的进步也促使 APP 的规模快速扩大，APP 软件在内容上更为丰富和多元化体现，尤其是对于衣食住行等与大众密切相关的领域而言，内容垂直化趋势可以说是有目共睹的。

以服装为中心进行分析，APP 的适用环境已经细分为 5 个方面，并且各个方面的 APP 仍然在具体内容和功能上进行垂直化的差异设计，相关内容如图 8-5 所示。

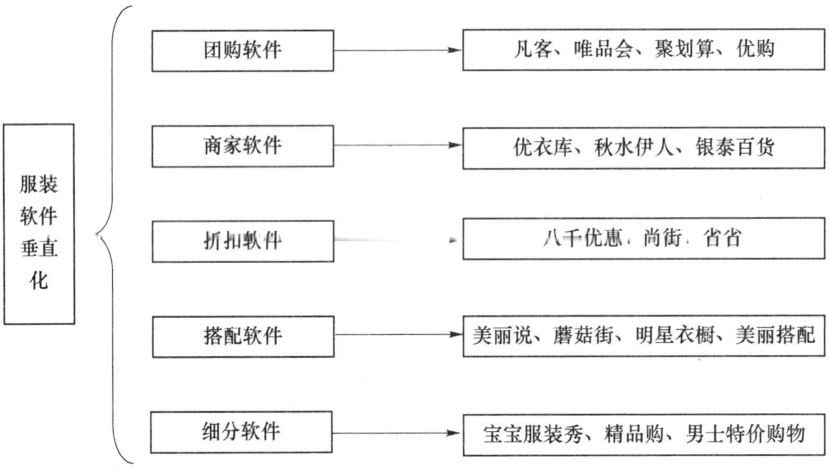

图 8-5　服装 APP 软件垂直化示意图

2. 体验感更好

APP 之所以能够快速发展，获得大众的认可，在于移动 APP 与传统的互联网产品存在一定的区别。在用户的使用体验方面，APP 有着明显的优势，主要集中于 3 个方面，分别是使用场景的体验、使用时间的体验和使用效率的体验。

在传统的 PC 端，用户固定地盯着屏幕和使用键盘及鼠标操作，场景较为单一。对于 APP 的用户而言，只要能携带手机的地方，就可以操作 APP，使用场景几乎没有限制。图 8-6 所示为地铁上的乘客使用手机的场景。

图 8-6　手机 APP 几乎不受场景限制

与移动 APP 的模式相比，传统 PC 端的用户在使用时间上往往是持续的一段较长的时间。而碎片化却是移动 APP 的特色，用户可以随时中断现在的手机操作，等某些事情结束后，再继续之前的 APP 操作。

APP 的界面受限于智能手机的界面，相比于传统 PC 端，其界面较小，但整个界面的利用率很高。通过 APP 本身对相关内容进行合理的规划和抉择，用户能够获得更为精准的信息，避免使用传统 PC 端时信息过多、过杂的情况。

图 8-7 所示为“买单吧”APP 的相关界面。软件通过简单的导航条将内容集中化，便于用户选择。

图 8-7　“买单吧”APP 相关界面

3. 规模更大

APP的潜力巨大,因为其用户数量的规模庞大,使得APP的营销价值巨大。根据2016年2月的易观智库数据显示,国内移动APP的活跃用户数量超2亿的就有4个,分别是微信、QQ、手机百度和淘宝,其中微信用户达到6.4亿。

在传统的PC端,一个商业企业的网站上活跃用户数量达到1亿是完全不可能的事情,而APP通过极其便利的操作方式完全可以吸引大量用户,从而创造庞大的用户规模,进而产生极大的营销潜力。

以淘宝手机APP为例,可以从近几年的"双十一"活动中销售额的增加去了解APP用户的增长趋势及速度,具体信息如表8-1所示。

表8-1 近年来"双十一"活动销售额

时间(年)	活动销售额(亿元)	手机客户端销售额(亿元)
2012	191	9.6
2013	350	53.5
2014	571	243.2
2015	912	620.5
2016	1207	989.74

从表8-1可以看出,手机客户端的销售额在短短的几年内迅速增长,从9.6亿元突破至约990亿元,充分体现了移动端的营销潜力。在这种营销环境下,其他的电商平台纷纷打造自身的APP移动客户端。

4. 支付更方便

随着智能手机的普及,在线支付方式开始逐渐流行,目前已经成为年轻人的主流支付方式。对在线支付的相关内容分析如图8-8所示。

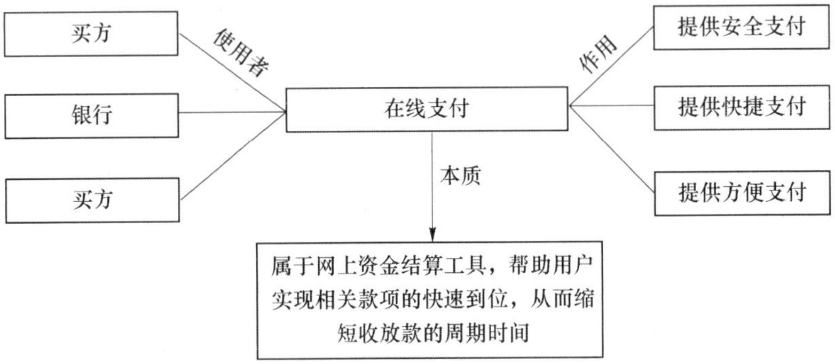

图8-8 在线支付的业务流程

对于用户而言，可以在 APP 软件中使用在线支付的方式来完成相关款项的支付。

目前 APP 软件支持的支付产品有很多种，其中影响力比较广泛的有 10 种，具体如图 8-9 所示。

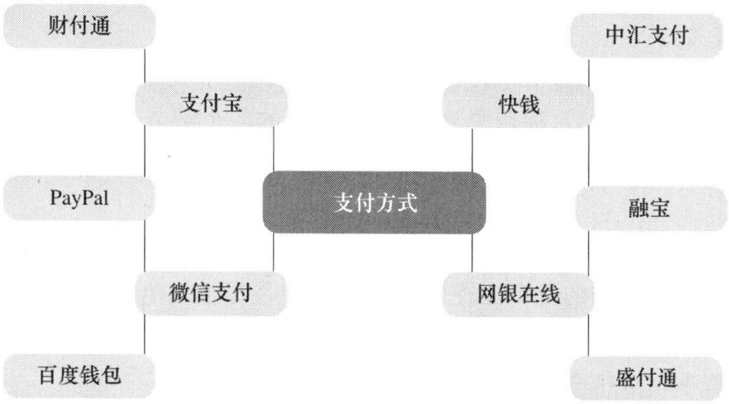

图 8-9　10 种影响力比较广泛的支付方式

8.2　电商 APP 的设计与运营

8.2.1　电商 APP 的设计原则

由于互联网的开展已经进入普及期，手机在人们生活中的比重越来越大，许多电商的销售重点都由 PC 端转至手机移动端，这就涉及 APP 的开发。关于 APP 开发，下面是一些笔者总结的需要注意的地方。

1. 一个具有权威性的图标

假如你只有一次机会让用户留下良好的第一印象，那么图标就是你的应用实现这个目的的基础。人都是视觉动物，当对你的 APP 不甚了解时，通过图标来决定是否要下载来体验一下就成为主要方式。因此，建议图标为平台名字，如果名字太长，可以选取其中比较关键的字眼，这可以参考万商台和淘宝。

2. 一个好看的界面

先明确一个基本观念，电商平台有很多种，Canopy 也好，Polyvore 也罢，它们是社会化电商，是导购平台，国内的美丽说、蘑菇街等也属于社会化电商，带有很强的社交属性，具有明确的细分领域特征，和淘宝、聚美优品、万商台等B2C百货平台本质上是不同的。一般这两种类型的APP界面就不太一样，前者一般界面会有大量的留白，内容较稀少，画面带给人高大尚之感。而一般的B2C电商APP，打开万商台你就会发现，很多的元素和商品，令人眼花缭乱。这些区别无关好坏，只与目标受众有关。

导购类电商需要聚合对应产品推送给对应人群，不是小资就是文艺，APP从诞生前就要确认精准的目标用户层，需要从产品的各个细节来营造属于这个层次的氛围，让目标用户找到认可、一样的价值观、归属感，让他们感到惊艳，以此获得用户关注。

B2C百货平台的目标受众是极为广泛的，无论是社会顶层的精英分子，还是普通大众，精神层面可做的文章比较少，界面设计只能尽量避免塑造带有固定人群的特性，追求大而全。

3. 购物车和立即购买，到底突出哪一个？

购物车存在的目的是希望你能一次性购买更多的商品，而对于用户来说，购物车不仅起到集中付款的作用，也承担了用户短暂性收藏和筛选的需求。像万商台甚至只放一个“加入购物车”按钮，按钮还要大，橘红色能促进消费。

但是，如果平台SKU数并不多(如微商)，那还要什么购物车呢？或者平台经常搞时效性活动，如秒杀、抢购，就应该强化“立即购买”按钮。

4. 异于PC端的功能点

考虑APP能提供有异于Web的功能点，就是电商APP的根本存在价值所在，不然就是拿PC指标来运营电商APP，失败是迟早的事。比如万商台的APP就能摇万商币，因为能抵钱用且不限次数，因此是个不错的提高转化率的方法。

8.2.2 电商APP的简要开发

电商手机客户端主要涉及订单的流程、与电商原系统平台数据接口的对接、订单支付方式等核心内容。

手机移动支付、支付宝客户端、网银手机端等应用解决了用户订单流程中支付的重要环节。进入商城、选商品、购物、收银台支付，整个用户的实际购买流程在电商手机端平台可以得到完美呈现。电商APP开发拓扑图和电子商务系统架构图分别如图8-10和图8-11所示。

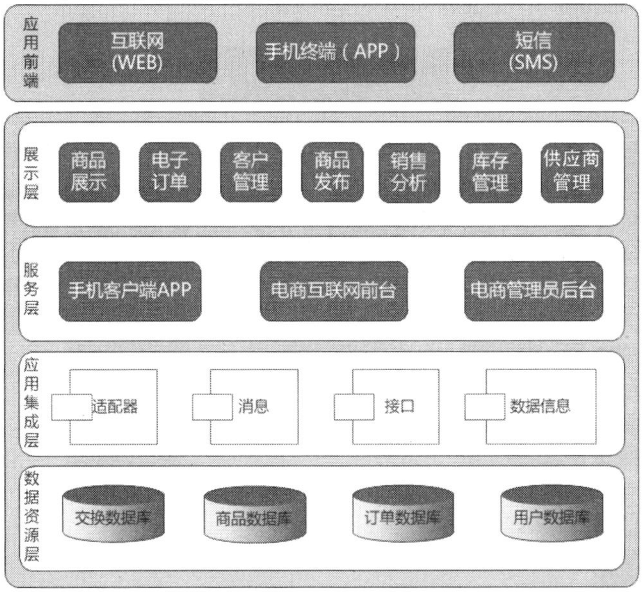

图 8-10　电商 APP 开发拓扑图

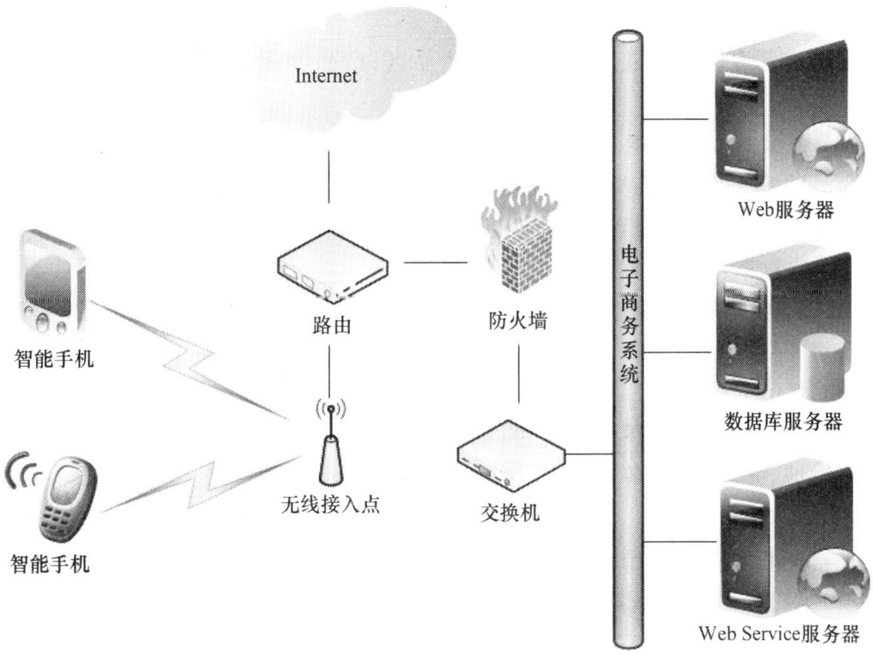

图 8-11　电子商务系统架构图

移动 APP 的界面结构组成如图 8-12 所示。

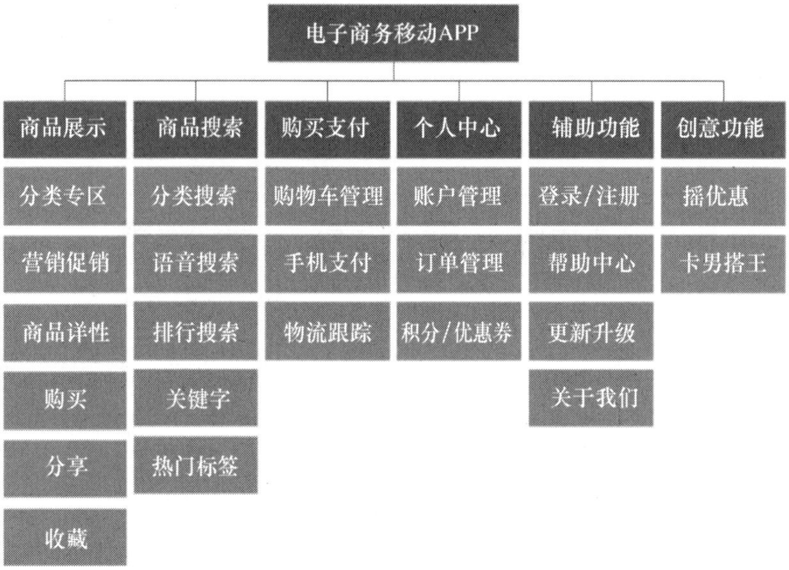

图 8-12 电子商务移动 APP 界面结构

（1）商品展示

促销推荐专区产品展示；新品热门产品区；产品分类展示区；节日促销活动商品区。

（2）强大的商品搜索功能

商品关键字搜索；各类排行榜搜索；APP 开发，如价格排行榜、销售排行榜、好评指数排行榜等；商品语音搜索；热门标签搜索。

（3）购物车

加入购物车、收藏功能；立即购买，全套购买等快捷下单功能；修改删除购物车内商品。

（4）支付下单

订单查看、删除；订单手机支付；物流跟踪查看；优惠及积分的使用兑换；分享商品至微博、开心、人人等 SNS 社区。

（5）辅助功能

来自互联网商城的用户信息数据，统一账号登录；手机购物流程帮助中心；软件更新升级。

（6）创意特色

摇优惠：通过摇动手机，获取优惠券；服装搭配：服装的自主随意搭配，实现虚拟物体也能随意按用户选择查看搭配效果。

8.2.3　电商 APP＋LBS

当下，时代在变，经济形势在变，科技在变，政策在变，市场在变，消费者在变，企业也需要随之发生改变。对于传统的企业和品牌来说，在移动电商时代，势必遭遇三大“痛处”：难留住顾客；难掌控渠道，推广也是易投难赚；人变忙了，利润变少了。

因此，越来越多的企业和品牌开始关注移动 APP 的商业潜力，不断开发提升“顾客忠诚度”的 APP 应用。丰富的 LBS 服务让企业和品牌的营销更富想象力。例如，星巴克就是坚定的 LBS 拥护者，在世界各地推出了多项市场活动，包括与 Foursquare 合作推出的“市长奖励”计划。

LBS 服务的价值，就像浏览器是接触 Web 互联网最重要的入口一样，LBS 将成为移动互联网的入口。在 APP 移动电商中，LBS 是个值得期待的领域，并且存在很多的机会，是线下商家构建移动商店的重要工具。LBS 应用可以发挥位置化服务特色，将身边有价值的信息及时推送给用户，贴心的提醒不仅不会让他们感到反感，反而能很好地体验到品牌的亲切和服务价值，刺激购买冲动，促进销售，拉近商家和用户之间的距离。

Millennial Media 公司总裁兼 CEO 保罗·帕美瑞（Paul Palmieri）说过：“手机可把消费者直接领到你的店里。你没法一边用笔记本电脑一边逛商场，但你手里可以拿着智能手机。”

传统的 APP 移动广告通常是帮助品牌提升形象服务，而 LBS 定位式的 APP 移动广告则是帮助本地企业和社区商家找到推广渠道。LBS 营销的最大优势在于，它能够直接推动用户进行消费。

例如，星巴克官网在全美 7 大城市推出基于地理定位（LBS）服务的 APP——Mobile Pour。用户只需在自己的智能手机上安装 Mobile Pour 应用，确定自己的位置即可随时下单订购自己喜欢的星巴克咖啡，稍后踩着踏板车的咖啡配送员会很快将咖啡送到用户手中，如图 8-13 所示。

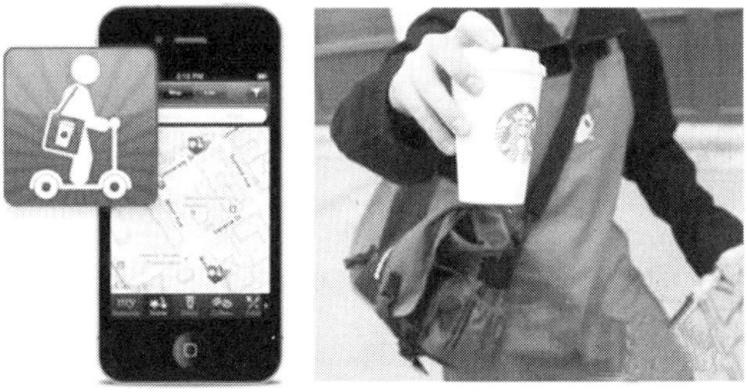

图 8-13　手机下单订购星巴克咖啡

据悉，星巴克之所以推出这项服务，主要是为了满足那些想喝星巴克咖啡，但又在附近找不到星巴克门店的用户。为了保证速度，星巴克在这7个城市的每平方英里范围内都安排了两名咖啡配送员。

另外，在美国，Sparkle平台上的手机优惠券应用Cellfire能够根据用户所在的位置，将该处店里正在参与活动的优惠券以短彩信的形式主动发送到用户手机上，用户在结账时出示手机便可获得折扣。笔者认为，这种主动的服务连同心动的折扣势必会唤醒用户的购买欲望。

因此，笔者认为，LBS要想成功，必须先进入一个“LBS+”的状态，比如，“LBS+ SNS”的人人网、微信、陌陌，“LBS+电商”的嘀咕、街旁、大众点评，“LBS+营销”的谷歌，甚至“LBS+N”等。“+”是一种合力，不同工具的叠加，会形成推动互联网服务进步的力量；“+”更是一种智慧，开发者之间的借力、互相应和，将激发出更多商业价值落地的可能。

8.3 电商APP的营销策略和方法

近20年来，移动通信技术发生了翻天覆地的变化，当前通信技术的变革更是带动了移动互联网电子商务的大发展，影响着社会生活的方方面面。

8.3.1 视觉清晰，提高用户购物效率

在信息化时代，大众的视觉审美观往往差异化较大，而企业APP在用户视觉上的设计目标主要是在保证清晰的同时符合大部分用户的审美观。对于APP而言，视觉审美主要集中于6个方面，如图8-14所示。

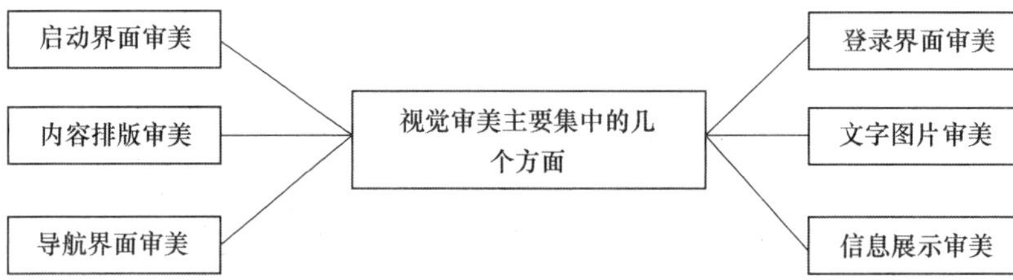

图8-14 视觉审美集中的主要方面

如果电商APP的视觉设计清晰且符合大众的审美观，那么不仅会吸引用户，还能够提高用户的购物率。

8.3.2　个性突出,提升用户购物体验

用户体验就是企业 APP 的用户在使用 APP 的过程中逐步建立起来的一种感受。如果用户体验是良性的,就会促进用户对 APP 的认可,良好的用户体验可以提高用户好评率和购物体验;如果用户体验是恶性的,就会导致用户卸载 APP。

无论是在设计 APP 时,还是在 APP 正式运作时,考虑用户体验都是一件十分重要的事情。通过用户的口碑式传播所获得的宣传效果,远比 APP 进行商业广告运作要更加有效,成本也更加低廉。

优秀的电商企业 APP 通常会通过个性化的设计和内容来完善其自身其他方面的不足,从而提升用户的移动端购物体验。

8.3.3　社交分享,实现品牌的病毒营销

病毒营销一直以来就存在,随着移动互联网技术的发展,信息大爆炸的出现让病毒营销再次火热起来,没有病毒营销,就无法实现商品价值。在目前的发展环境下由线上到线下,病毒营销的基本表现形式如图 8-15 所示。

图 8-15　病毒营销的基本表现形式

移动互联网传播时代,社交软件的转发、推广等方式,无论什么产品都与病毒营销有着千丝万缕的关系。对于 APP 而言,借助移动互联网和社交分享来实现病毒营销同样是主流。

8.3.4　多屏互动,线上＋线下互动营销

在互动口碑领域,创造了较好效果的 APP 中必然有凡客闹钟的身影。这是一款为手机用户量身定制的闹钟工具类软件,提供常用的起床闹钟服务。这款 APP

从本质上而言并不出色，但是其推出的互动模式和相关功能让 APP 获得了成功。

图 8-16 所示为凡客闹钟 APP 的界面。

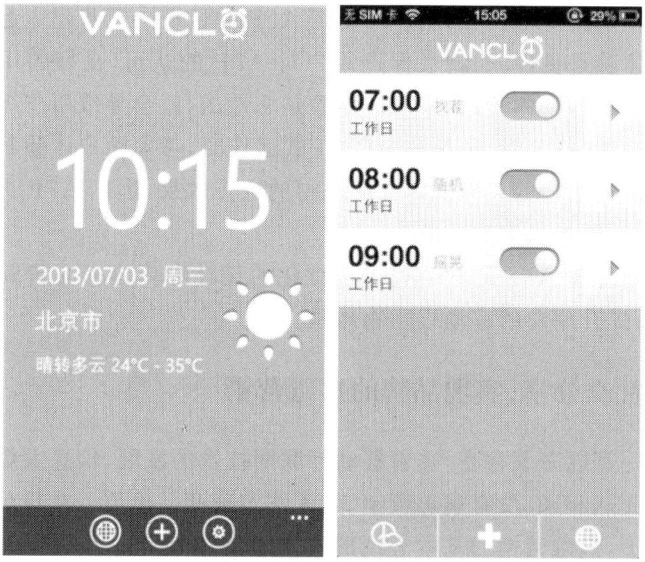

图 8-16 凡客闹钟 APP 的界面

凡客闹钟 APP 之所以在原本简单的闹铃功能上获得成功，主要是因其新增了以下 3 个方面的内容，如图 8-17 所示。

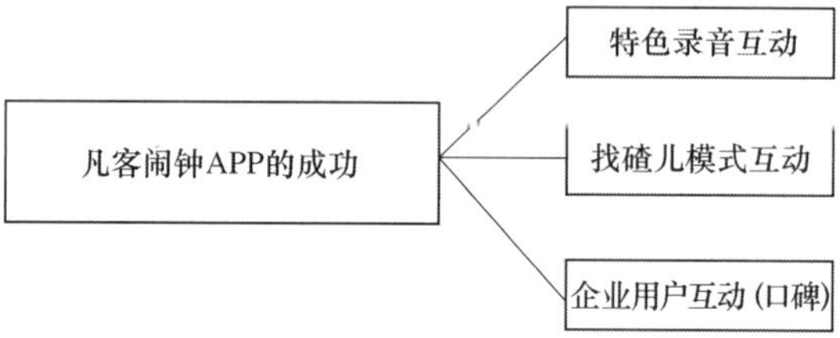

图 8-17 凡客闹钟 APP 的成功内容

1. 互动模式一：录音

凡客闹钟的一个重要特点就是利用资源与用户互动。其中形式新颖的功能就是在该应用中，凡客启用了粉丝的特色录音作为铃声库，可以供所有的 APP 用户进行下载和使用。

2. 互动模式二：找碴儿

找碴儿模式很简单，但是 APP 所用的图片是粉丝上传的照片，作为模式的备用资源，从而获得了大量用户的支持。

3. 互动模式三:口碑

从凡客的角度来讲,将工具类的APP植入与口碑传播相关的元素,那么这个工具很有可能在用户中形成口碑,进而产生广泛传播,实现口碑营销。

企业的用户是最初的支持者,了解和喜欢凡客自身的用户,会对凡客品牌的推广及产品的营销进行积极的尝试。

8.3.5 优秀内容运营的几大流程

内容为王是APP内容营销获得成功的基础。APP上的用户内容区域往往属于公共化的平台,对内容进行运营需要了解基本的流程,具体内容如下。

1. 内容策略定位

对于APP平台而言,把握每一次与用户的相遇,了解每一个用户的心理,并且满足用户的每一个需求,都是内容策略定位的表现。

2. 内容测试反馈

APP的内容需要根据用户的需求而定,所以内容的测试反馈就成为APP内容运营必不可少的重要环节。除了内容设计上的测试反馈之外,在APP正式上线之后,APP的内容运营团队同样可以采用调查问卷的方式获得用户的相关信息反馈。

3. 培养用户习惯

对于APP而言,培养用户习惯首先需要让内容的表现形式与用户已有的习惯保持一致。在内容的表现上,电商行业的淘宝网APP具有一定的代表性。图8-18所示为淘宝APP的主页和商品信息页。

淘宝网APP的主页在内容展示上非常明确,同时内容主次有别,根据重要程度的不同恰到好处地进行区别展示,符合用户的使用习惯。对于商品信息页,淘宝APP以简洁的表现方式为主,突出商品信息内容。这种内容的展示方式非常适合新创的电商APP进行借鉴。

在APP上,固定的某一个时间让用户做同一件事情,也是培养用户查看APP内容习惯的一个常见做法,其中大部分APP采用的就是签到模式。

4. 长期运营方针

大部分用户的智能手机上都下载有大量的企业APP,比如淘宝、百度、微信、QQ等,但是用户平均每天都会用到的APP不足10款。因此,电商企业要想让APP成为用户每天都会使用的APP,就必须有长期的运营方针。

能够成为大众生活中必需品的APP,往往都有一段长时间的发展期,如果一款APP的长期发展潜力有限,就更不可能成为让用户认可的APP了。APP的长期运营方针可以从如下4个方面入手。

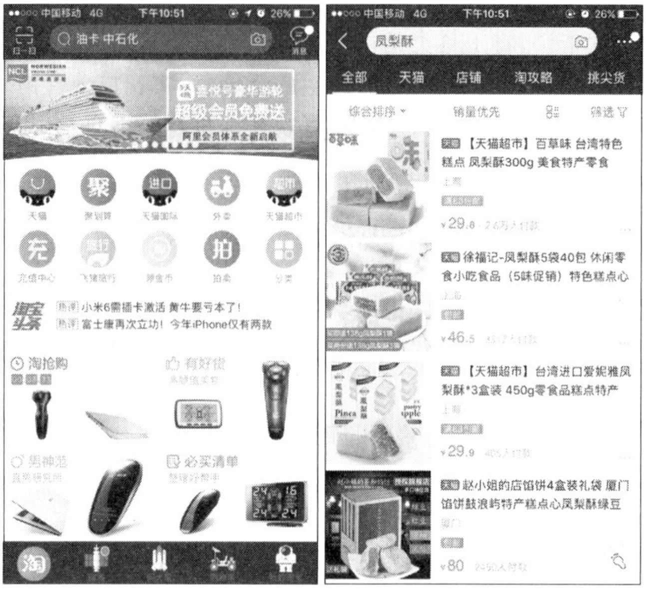

图 8-18　淘宝 APP 的主页和商品信息页

(1)逐步完善 APP 功能

APP 必须创造出满足用户需求的产品功能，无论是工具的高效性，还是内容的价值体现，或者是用户之间的活跃气氛，都需要有功能作为基础的发展条件。新功能的开发与迭代，是 APP 实现长期发展的主要动力。

(2) 平台内容及时更新

功能与内容始终是使用 APP 的用户最关注的两个方面，除了功能上的逐步完善，内容的更新体现也是 APP 获得长期发展的基础。

(3) 利用活跃用户的力量

活跃用户往往会带动周围的朋友一起使用同一款 APP，社交类 APP 就是最会发挥活跃用户力量的平台，电商企业 APP 也要学会利用活跃用户的力量来提高平台的知名度。

(4) 用积分体系吸引用户

APP 为了获得长期发展，往往也会推出积分体系来培养用户的长期使用习惯，在 APP 上常见的积分体系中，用户积分主要有 4 个发展方向：积分兑换物品；积分抵现金消费；积分产生等级特权；积分产生不同勋章。

5. 互动产生内容

互动是 APP 上内容的主要来源，更是体现 APP 价值的重要方面，互动分为用户与企业或产品之间的互动，还分为用户之间的互动。这两种互动模式都能够促进平台上内容的产生，并且让用户保持长期的使用习惯。

6. 提供优质服务

在APP提供的优质服务中，与APP自身特性相吻合的功能服务是对用户影响最大的。除了功能服务之外，还需要注意的另外一个方面的服务就是及时的人工服务。

当APP能够为用户提供特色的功能服务时，优质服务的打造就更加快捷化。如果APP不能为用户提供独一无二的功能服务，就需要从人工服务或其他方面入手，提供以用户为核心的优质服务。

8.3.6 吸引用户，让其自愿付费

对于产生了一定口碑的电商APP而言，让用户自愿付费购买产品是非常可行的。需要注意的是，企业在APP平台上销售产品，要保证产品的质量，通过优质的产品质量来吸引用户，而不能打一些虚假的广告，用一些虚假的产品来欺骗消费者。只有真正优质的产品才能够吸引用户，才能让他们心甘情愿地购买。

8.3.7 提高用户体验，提升用户的转化率

每一位用户都是多个数据的集合体，在深度挖掘目标用户群体数据时，APP可以从用户的多个角度进行数据分析。除了用户年龄分析之外，也可以对用户的性别、星座、地域分布等细节内容进行分析。掌握好这些数据后，企业可以从多个角度设计符合消费者需求的环节，在提升用户体验感的同时，提升用户的转化率和购买率。

8.3.8 打动用户、塑造品牌的营销方案

当一个用户对APP产生一定的感情时，就说明APP的内容走进了用户的心里，而不仅仅是APP的营销推广取得了成效。要想让用户从根本上认可APP，不是依靠技术性的营销推广就可以的。

下面我们一起来了解打动用户、走进用户心理的APP内容模式，主要从以下两个方面进行分析。

1. 情感角度切入

回顾账单往往能够让老用户对APP软件产生很强的归属感，无论账单内容是文字、文章、图片还是资金，所以很多上线时间较长、有一定影响力的APP都会选择用这种方式结合其他活动，进一步打造营销效果。

以淘宝APP推出的“3万亿感谢有你”活动为例，阿里巴巴交易额创造了一个

3万亿元历史，淘宝 APP 顺势推出用户账单回顾查询活动，相关界面如图 8-19 所示。

图 8-19 淘宝 APP 推出的“3 万亿感谢有你”活动界面

2. 惊喜拉近距离

滴滴出行时常推出活动，而其中最好的一个活动广告创意就是换位思考。APP 通过感性的宣传文案为用户提供惊喜，打动用户的同时也感动用户，进而扩大了活动的影响力，甚至引发全民话题。

图 8-20 所示为滴滴出行 APP 推出的“全力以赴的你，今天坐好一点”活动的相关宣传海报。

图 8-20 滴滴出行 APP 推出的相关宣传海报

这个活动的推出时间为冬季，适当的时间搭配温馨的文字所营造的效果是相当惊人的。为了进一步推动 APP 与用户的距离，滴滴出行还推出了两个微视频，通过视频中的人物表现，传递“为了每一个全力以赴的你，今天坐好一点”“为了每一个爱你的人，今天坐好一点”两种声音。

这种宣传方式让用户感觉到了温馨，进而打动了用户，更进一步提升了滴滴出行 APP 的产品形象。随着用户的自主传播，宣传海报中的“如果……至少……”这一句式成为流行的网络语言“滴滴体”，大量网友以此创造了多个句子，自主进行了产品广告的二次传播。

8.4 案例：每日优鲜

1. 项目背景

每日优鲜是新型的微电商创业团队，已成功融资上千万美元，聚焦中国新兴中产阶级对于优质生鲜产品的强烈刚需，借助移动互联网生态，整合全球新农人、新农业优质资源，旨在打造一个用户深度参与的社交电商。通过年轻用户的深度参与，针对优质生鲜产品碎片化分布、弱质化品牌等特点，搭建微信店（微购物）、微店、传统网站三位一体的经营模式。

2. 项目挑战

移动电商兴起，各种类型的 APP 占满了手机的屏幕。每日优鲜欲进军移动社交电商，在移动端实现生鲜电商突围，打造移动电商帝国，就势必得在“寸土寸金”的手机屏幕中占据一席之地，在众多同类生鲜电商 APP 中脱颖而出，给目标消费者一个具有良好用户体验的、设计感强的、精致的品牌形象。

3. 解决方案

项目设计小组根据当下主流且热门的移动电商 APP 设计风格和流行趋势，结合每日优鲜的行业特色及产品特色，最终设计出符合每日优鲜的主体客户群“中产阶级女性白领”审美习惯的品牌形象设计：女性最青睐的紫红色＋大众认可度最高的水果形状。品牌主色调与品牌符号个性鲜明，具有很高的认知度与差异性。

4. 项目成果

每日优鲜于 2015 年 1 月 1 日在微信公众平台上线，其品牌形象获得了消费者的广泛好评。形如一个新鲜“水果”的视觉形象，直观地表达出每日优鲜的产品业务特点，节省了品牌的传播成本，拉近了其与消费者的距离，同时成功地塑造了每日优鲜时尚的移动互联网品牌特质，在同行中辨识度高。